Adventszeit für Kinder

Mit Lars und Franzi
vom 1. Advent bis zum 6. Januar

Mit Geschichten und anderen Texten von Gitta Edelmann
und Bildern von Angela Fischer-Bick

Friedrich Wittig Verlag

Der Adventskranz

1. Advent

„Guten Morgen, hast du gut geschlafen?", fragt Mama fröhlich und zieht die Vorhänge auf. Lars blinzelt. Wo ist er nur? Ach klar, dies ist sein neues Zimmer. Sie sind ja gestern in die neue Wohnung gezogen. Gerade rechtzeitig zum ersten Advent.

„Darf ich heute die erste Kerze anzünden?", fragt Lars.

Mama wird ganz blass. „Oje!", sagt sie.

„Den Adventskranz hab ich ganz vergessen!" Lars springt aus dem Bett. „Vergessen?", schreit er. Sein großer Bruder Finn erscheint in der Tür.

„Was hast du vergessen?", fragt er.

„Den Adventskranz", ruft Lars.

„Dann gehen wir einen kaufen", sagt Finn. „Ist doch nicht so schlimm."

„Aber heute ist Sonntag, da kann man keinen kaufen!" Lars ist richtig sauer.

„Jetzt frühstücken wir erst mal und dann gehen wir alle in die Kirche", schlägt Mama vor. „Ich habe gelesen, da ist heute Familiengottesdienst und es gibt sicher auch einen Adventskranz."

Lars brummelt noch eine Weile vor sich hin, aber bei so einem Umzug ist eben alles ein bisschen durcheinander.

Der Gottesdienst gefällt Lars gut. Die Kinder aus der Kita, in die er kommen wird, sind auch da und singen sein Lieblingslied: „Wir sagen euch an den lieben Advent, sehet die erste Kerze brennt … ."

Die erste Kerze brennt tatsächlich auf dem großen Adventskranz neben dem Altar. Schön ist das. Trotzdem ist es schade, dass sie zuhause keinen Adventskranz haben.

An der Haustür muss Papa erst den richtigen Schlüssel finden.

„Hallo, seid ihr die neuen Nachbarn?", ruft da ein Mädchen, das mit ihrer Mutter auf dasselbe Haus zusteuert. „Ich heiße Franzi und das ist meine Mama."

„Ich bin Finn", sagt Finn, „das ist Lars und die Kleine da ist Bibi."

„Prima, dann sind wir mit Simon jetzt fünf Kinder im Haus!", sagt Franzi und grinst Lars an, der genau so groß ist wie sie. „Kommst du zu mir in die Kita? Dann können wir morgens immer zusammen gehen."

Lars nickt. Jetzt gehen sie erst einmal zusammen die Treppe hinauf.

„Willst du unseren Adventskranz sehen?", fragt Franzi. „Ich habe ganz viele goldene Sterne dafür gebastelt."

„Wir haben dieses Jahr gar keinen Adventskranz", sagt Lars. „Der Umzug … ."

„Das ist ja doof!", sagt Franzi und überlegt.

„Ich habe noch einen Strauß Tannenzweige

Wir sagen euch an den lieben Advent

T: Maria Ferschl. M: Heinrich Rohr. © Christophorus-Verlag, Freiburg.
Evangelisches Gesangbuch Nr. 17

auf meinem Fensterbrett. Daraus könnten wir doch einen Kranz für euch machen! Komm mit!"
Mama lächelt Lars und Franzi an und nickt.
Während sich die Erwachsenen noch unterhalten, folgt Lars seiner neuen Nachbarin.
Franzi pflückt ein paar Sterne und Holzfigürchen von ihrem Tannenstrauß, dann legt sie die Zweige in einem Kreis auf den Tisch. Mit einer Paketschnur bindet sie sie zusammen, so dass ein Kranz entsteht. Dann nimmt sie ein rotes Schleifenband und wickelt es so um den Kranz, dass man die Schnur nicht mehr sieht.
„Fertig!", ruft sie.
Naja, ganz rund ist der Adventskranz nicht und auch nicht besonders groß, aber er ist wunderschön, findet Lars.
„Fehlen nur noch Kerzen", sagt Franzi.

„Kein Problem, ich weiß, in welche Kiste Mama Kerzen gepackt hat! Danke, Franzi, vielen Dank!"
Fröhlich springt Lars die Treppe hinunter zu seiner Wohnung.
Wenig später ist der Adventskranz fertig. Und weil es ohne Lars und seine neue Freundin Franzi heute keinen Adventskranz gegeben hätte, darf er die erste Kerze anzünden.

Der allerschönste Adventskalender

Es ist noch früh und ganz dunkel, aber Bibi tappst schon durch die Wohnung.
„Wo isser denn?", murmelt sie vor sich hin.
Da kann auch Lars nicht mehr schlafen.
„Wo ist wer?", fragt er müde.
„Der Atzwentzkalender natürlich!", antwortet Bibi.
Lars dreht sich im Bett um.
„In der Küche über dem Tisch."
Bibi rennt in die Küche, kommt aber ganz schnell zurück.
„Gar nicht", sagt sie. „Da hängen nur ganz viele Päckchen an einer Schnur."
„Genau das ist unser Adventskalender", erklärt Lars. „Drei Päckchen für jeden Tag bis Weihnachten. Für jeden von uns eins: rot für dich, blau für mich und grün für Finn."
„Ich will aber einen richtigen Atzwentzkalender. Mit Türchen und Bildchen." Bibi ist sauer.
Beim Frühstück ist sie immer noch sauer. Sie hat gar keine Lust, ihr rotes Päckchen von der Schnur abzuschneiden und auszuwickeln. Sie sieht sowieso bei Lars und Finn schon, was drin ist: ein Schokoladenbonbon.
Bibi ist immer noch schlecht gelaunt, als Franzi an der Tür klingelt.
„Warum bist du denn so wütend?", fragt Franzi.
„Ich hab keinen Atzwentzkalender", beschwert sich Bibi.
Franzi schaut sich um.
„Aber da ist doch ein Päckchen-Adventskalender", sagt sie. „So einen hätte ich auch gerne."
„Päckchen sind doof", sagt Bibi. „Ich will Türchen und Bildchen."
Franzi grinst. „Ich habe einen Adventskalender mit Türchen und Bildchen. Willst du den mal sehen?"
Im Nu hat Franzi ihren Kalender geholt.
„Oh, schön!" Bibi bewundert das Bild auf dem Kalender mit den Tieren im Winterwald. Noch sind alle Türchen geschlossen.

1. Dez.

Advent

Advent ist ein altes Wort in lateinischer Sprache. Es bedeutet „Ankunft". In der Adventszeit warten wir auf die Ankunft, also die Geburt, von Jesus. Zu Weihnachten feiern wir, dass Jesus geboren ist.
Damit die Wartezeit nicht zu lang wird, gibt es alte Bräuche: zum Beispiel den Adventskranz und den Adventskalender. Sie zeigen uns, wie das Weihnachtsfest immer näher rückt, Woche für Woche und Tag für Tag.

„Willst du das erste Türchen aufmachen?", fragt Franzi.
Bibi nickt. Franzi zeigt ihr, wo die 1 ist, und vorsichtig klappt Bibi das Papptürchen auf. Da ist ein schöner Glitzerstern!
Lars und Franzi gehen in den Flur, wo Lars seine Schuhe anzieht.
„Cool, dass wir zusammen zum Kindergarten gehen", sagt er. Franzi nickt.
„Schön!", ruft Bibi in der Küche wieder. Und noch einmal „schön!" Dann kommt sie in den Flur gelaufen.
„So viele schöne Bildchen!", ruft sie begeistert.
Franzi reißt die Augen auf und lässt einen Schrei los. Oje! Bibi hat alle 24 Türchen aufgemacht!
„Was ist ...?", fragt Mama.
Dann sieht sie schon, was los ist.
„Schöne Bildchen!", sagt Bibi und streckt Mama den Kalender entgegen.
„Aber das sind nicht deine Bildchen!", sagt Mama streng. „Du hast doch rote Päckchen."
„Ich will aber Türchen und Bildchen!" Bibi drückt den Kalender an sich. „Franzi kann die Päckchen haben."
Mama schaut Franzi an. „Magst du? Dann kommst du einfach jeden Morgen runter."
Franzi nickt und grinst. So ein Schokoladenbonbon sieht vielleicht nicht so schön aus wie ein Glitzerbildchen, aber es schmeckt viel viel besser!

Lauter Engel  in der Kita

Franzi und Lars sitzen mit Sina am Maltisch. Franzi malt mit Lars ein großes Haus. Das Haus, in dem sie wohnen. Auf dem Bild sind Franzi und Franzis Mama, Lars, Bibi und Finn und ihre Eltern, Frau Hansen aus dem Erdgeschoss, und jetzt malt Franzi gerade Augustus, Frau Hansens schwarzen Kater.

Sina malt einen Weihnachtsbaum. Daran hängen schon rote Kugeln, gelbe Sterne und natürlich hat sie auf dem Weihnachtsbaum auch Kerzen gemalt.

„Was kann man denn noch an den Weihnachtsbaum hängen?", fragt Sina.

„Herzen aus Goldpapier?", schlägt Franzi vor.

„Oder vielleicht weiße Schneesterne?"

„Wir haben kleine Musikinstrumente aus Holz am Baum", ergänzt Lars.

„Das ist aber schwer. Das kann ich nicht malen", sagt Sina.

„Goldene Herzen auch nicht, weil wir keinen goldenen Stift haben. Und weiß sieht man auf dem weißen Papier ja überhaupt nicht."

„Engel", sagt Lars. „Mal doch einen Engel auf die Baumspitze."

Sina sieht Lars unglücklich an.

„Das ist auch schwer. Diese dicken, nackten Kinder mit Flügeln, die immer da rumfliegen müssen … ."

Franzi lacht.

„Engel sind doch keine dicken Kinder", sagt sie. „Eigentlich sind Engel Boten, die eine Nachricht von Gott bringen. Frau Zimmermann hat uns das letztes Jahr erzählt. Weißt du nicht mehr?"

Sina schüttelt den Kopf.

„Da war ich vielleicht krank", sagt sie. „Was für Nachrichten bringen die Boten denn?"

Franzi beginnt zu erzählen:

„Einmal schickt Gott einen Engel nach Nazareth zu Maria. Der sagt ihr, dass sie ein ganz besonderes Kind bekommen wird. Das soll sie Jesus nennen."

„Und als Jesus geboren ist, sind die Engel auch

2. Dez.

wieder da und erzählen es allen", ergänzt Lars.
„Aber warum sehen die immer aus wie dicke, nackte Kinder mit Flügeln?", fragt Sina.
„Sehen sie gar nicht immer aus", sagt Lars. „Ich kenne ein Bild, da ist der Engel ganz groß und schlank und hat ein weißes Gewand an."
„So einen kann ich aber auch nicht malen", sagt Sina unglücklich.
„Ich habe eine Idee", sagt Franzi plötzlich. Sie steht auf, geht zu Frau Zimmermann, der Erzieherin, und flüstert ihr etwas zu. Frau Zimmermann nickt. Sie holt ein Töpfchen goldgelbe und ein Töpfchen blaue Farbe und einen Pinsel und kommt zu den Kindern an den Maltisch.
„Habt ihr Lust, Engelbilder zu machen? Ich kann euch gleich zeigen, wie das geht. Es ist ganz einfach. Sina, gib mir doch bitte mal deine Hände."
Sina streckt ihr die Hände hin und Frau Zimmermann bestreicht die Handflächen mit der goldenen Farbe. Dann zeigt sie Sina, wie sie ihre Hände auf das weiße Papier drücken soll.
„Das sind die Flügel", sagt Frau Zimmermann. „Die sind ein Zeichen dafür, dass die Engel vom Himmel kommen. Und nun brauche ich noch eine blaue Hand."
Franzi streckt ihr die Hand entgegen. Frau Zimmermann malt sie blau an und drückt sie auf das Papier zwischen die beiden goldenen Flügel.
„Nun fehlt nur noch der Kopf", sagt Frau Zimmermann.
Sie nimmt einen Pinsel und malt mit rosa Farbe einen runden Kopf. Dann bekommt der Kopf dunkle Haare und schließlich ein fröhlich lachendes Gesicht.
„Oh, wie schön", ruft Lili, die zugeschaut hat. „Ich will auch so einen Engel!"
„Ich auch", ruft Jakob.
Und so drucken und malen die Kinder der Sternengruppe an diesem Tag eine ganze wunderschöne Engelschar.

Engel aus Handabdrücken

Du brauchst: Papier, Fingerfarben

einen Pinsel,

Wasser zum Pinsel-Ausspülen

und zum Händewaschen!

Zuerst druckst du die Flügel,

dann ist der Körper dran.

Zum Schluss malst du ein fröhliches Gesicht.

Fertig!

Geschichten

3. Dez.

„Stellt euch vor – vorhin habe ich den Nikolaus getroffen!", sagt Franzi und stellt den Keksteller auf den Tisch.
Bibi reißt die Augen auf. „Wo?", fragt sie.
„Vor der Haustür. Er hat geschaut, wo die Familie Berger jetzt wohnt. Ich habe ihm dann die Fenster eurer Wohnung gezeigt. Da hat er den Kopf geschüttelt, weil die so hoch sind, und gefragt, ob wir eine Leiter haben."
Lars grinst. Franzi erzählt wieder mal Geschichten. Bestimmt schreibt sie später mal Bücher, Ideen hat sie ja viele. Und wenn auch nicht alle ganz wahr sind, sind sie doch lustig.
„Hier kommt der Kakao", sagt Franzis Mama und bringt eine große Kanne ins Zimmer.
Sie zündet die Kerze am Adventskranz an und setzt sich zu den Kindern.
„Erzähl uns von früher", bittet Franzi. „Was hast du im Advent gemacht?"

„Als ich klein war", sagt Franzis Mama, „wohnten wir in den Bergen. Da hat es viel geschneit und ich bin mit meinem Bruder jeden Tag Schlitten gefahren."
Sie steht auf und holt ein Foto vom Schrank. Darauf sieht man ein Mädchen und einen Jungen, die auf einem Schlitten im Schnee sitzen.
„Und wer am schnellsten den Berg hinunter gefahren und wieder hoch gelaufen war, der durfte die Kerzen anzünden."
„Hattet ihr auch einen Adventskranz?", fragt Franzi.
„Na klar", sagt Franzis Mutter. „Aber wisst ihr überhaupt, wie der Adventskranz erfunden wurde?"
Die Kinder schütteln den Kopf. Da erzählt ihnen Franzis Mama die Geschichte vom ersten Adventskranz. Und die ist wirklich wahr.

Der Mann, der den Adventskranz erfand

Vor etwa 170 Jahren lebte in Hamburg ein evangelischer Pastor. Er hieß Johann Hinrich Wichern. In dieser Zeit gab es viele Kinder, die keine Eltern hatten und kein Zuhause. Sie bettelten auf der Straße und froren im Winter. Da gründete Wichern ein Waisenhaus in einem alten Bauernhaus, das man das „Rauhe Haus" nannte. Die Kinder bekamen etwas zu essen, ein Bett und konnten einen Beruf lernen. So konnten sie selbst Geld verdienen und mussten nicht betteln.

Wichern wollte auch, dass die Kinder eine Familie hatten. So wohnten immer zehn bis zwölf Kinder zusammen mit einem Betreuer und einer Hausmutter.
Im November, als es früh dunkel wurde, setzte sich Wichern mit den Kindern hin und erzählte von Gott und Jesus und von Weihnachten. Und die Kinder fingen an zu fragen: „Wie lange dauert es noch bis Weihnachten? Wie oft müssen wir noch schlafen?"

Da befestigte Wichern auf einem Holzkranz vier dicke weiße Kerzen für die Adventssonntage und kleine rote Kerzen für die Werktage dazwischen. Jeden Tag im Advent wurde eine Kerze mehr angezündet. Die Kinder konnten sehen, wie weit es noch bis Weihnachten war. Das immer heller werdende Licht erinnerte an Jesus, das Licht der Welt. Als alle Kerzen brannten, war Weihnachten da.
Dieser Adventskranz gefiel nicht nur den Kindern in Wicherns Waisenhaus. So verbreitete sich der Brauch schnell, und wir kennen ihn bis heute.

Barbarazweige

„Miau", maunzt es im Treppenhaus. Franzi rennt zur Tür und reißt sie auf.
„Augustus!", ruft sie.
Augustus steht unten auf der Treppe und schaut hinauf. „Miau", macht er wieder.
„Ist das der Kater von Frau Hansen?", fragt Lars. Er hat schon von Augustus gehört, ihn aber noch nicht gesehen.
Langsam, um den Kater nicht zu erschrecken, steigt er die Treppe hinunter. Augustus maunzt wieder und reckt seinen Hals. Er scheint Lars zu mögen,

Die Tür von Frau Hansen geht auf. Schwupp, ist Augustus in der Wohnung verschwunden.
„Der hat jetzt sicher Hunger", sagt Frau Hansen und kommt ins Treppenhaus. „Mäuse fängt er nämlich nie."
Frau Hansen trägt eine warme Jacke und hat eine Gartenschere in der Hand.
„Wozu die Schere?", fragt Franzi.
„Ich muss noch Zweige schneiden", sagt Frau Hansen. „Heute ist doch Barbaratag."
„Barbaratag?" Franzi wundert sich, und auch Lars weiß nicht, was das für ein Tag ist.
„Am 4. Dezember gehe ich immer in den Garten und schneide Zweige vom Kirschbaum", erklärt Frau Hansen. „Wollt ihr mit raus kommen oder ist es euch zu kalt?"
Franzi und Lars haben dicke Pullis an, also gehen sie mit Frau Hansen in den Garten und sehen zu, wie sie am Kirschbaum ein paar Zweige abschneidet.
„Wollt ihr auch?", fragt sie. Franzi nickt. Also schneidet Frau Hansen auch noch ein paar kleinere Zweige für Franzi und für Lars ab.
„Und jetzt?", fragt Franzi.
„Jetzt stellst du die Zweige in eine Vase ins Zimmer und wartest", sagt Frau Hansen.

4. Dez.

38

Gemeinsam gehen sie wieder ins Haus. „Wenn man das am Barbaratag macht", sagt Frau Hansen im Flur, „dann hat man zu Weihnachten etwas sehr Schönes. Was meint ihr, was mit den Zweigen bis dahin passiert?"
„Sie blühen?", rät Lars.
„Genau", sagt Frau Hansen, „viel Spaß damit!"
Lars und Franzi gehen mit ihren Zweigen die Treppe hinauf.
„Barbarazweige", sagt Franzi. „Ich freue mich schon darauf, sie blühen zu sehen!"

Barbaratag

Die Bäume stehen kahl und stumm
im winterlichen Garten,
doch weiß ich sicher, dass sie nur
auf Frühlingswetter warten.

Ich schneide einen kahlen Zweig
und nehm ihn mit ins Haus.
Ich weiß ganz sicher, bald schon sieht
er völlig anders aus.

Am Weihnachtstag, da steht mein Zweig
in voller Blütenpracht.
Auch dies ist eins der Wunder Gottes
in der Heil'gen Nacht.

Herr Neumann und die Stiefel

Als Franzi und Lars aus der Kita kommen, haben sie es sehr eilig. So eilig, dass sie fast den alten Herrn Neumann aus dem Erdgeschoss umrennen, der gerade aus dem Haus treten will.
„Könnt ihr nicht aufpassen? Rücksicht gibt's heute wohl keine mehr!", schimpft Herr Neumann und droht mit seinem Stock.
„Tschuldigung", ruft Franzi und rennt weiter.
„Nicht mal Entschuldigung sagen sie…", brummelt Herr Neumann.
„Wieso? Du hast dich doch entschuldigt", wundert sich Lars.

„Der hört nicht mehr gut", sagt Franzi, „und hat sowieso meistens schlechte Laune."
Sie rennt die Treppe hinauf und zieht ein paar hohe, schwarze Stiefel aus dem Schuhschrank vor ihrer Wohnungstür.
„Die nehme ich, die sind schön groß! Da kann der Nikolaus ordentlich was reinstecken!"
Lars hat sich für seine blauen Gummistiefel entschieden. Die will er heute Abend vor die Tür stellen. Die sind auch ganz einfach zu putzen.
Finns Schuhe stehen schon bereit. Bibi hat ihre rosa Sandalen heraus gesucht.
Lars grinst. „Da fällt doch alles raus. Nimm lieber auch die Gummistiefel."
Bibi trägt ihre Sandalen wieder weg und kommt mit ihren Gummistiefelchen wieder.
„So, und nun putzen", sagt Franzi.
Die Kinder setzen sich auf die Treppenstufen und polieren ihre Stiefel.
„Der arme Herr Neumann", sagt Lars nach einer Weile. „Der hat bestimmt schon lange keine Geschenke mehr in seinen Stiefel bekommen."
„Dabei würde da viel reinpassen." Franzi kichert. Herr Neumann lässt seine Straßenschuhe nämlich immer vor der Wohnungstür stehen. Sie sind wirklich riesig.
„Sollen wir vielleicht…?"

5. Dez.

Laßt uns froh und munter sein!

1. Lasst uns froh und munter sein und uns recht von Herzen freun! Lustig, lustig, tralalera! Bald ist Nikolausabend da, bald ist Nikolausabend da!
2. Dann stell ich den Teller auf, Niklaus legt gewiss was drauf.
3. Wenn ich schlaf, dann träume ich, jetzt bringt Niklaus was für mich.
4. Wenn ich aufgestanden bin, lauf ich schnell zum Teller hin.
5. Niklaus ist ein guter Mann, dem man nicht g'nug danken kann.

Volkstümlich, aus dem Hunsrück

Lars und Franzi sehen sich an und grinsen. Eine tolle Idee! Sie gehen zu Lars' Mama.
„Mama, können wir Mandarinen haben? Und Nüsse und noch was Süßes?", fragt Lars.
„Wozu denn?", fragt Mama zurück. „Wartet doch bis morgen, der Nikolaus bringt euch sicher was."
„Aber dem Herrn Neumann bringt er sicher nichts. Deshalb wollen wir das machen", erklärt Lars. „Wenn er sich mal freut, dann ist er vielleicht auch nicht mehr so mürrisch."
Mama ist überrascht. „Was für eine gute Idee!", sagt sie und legt gleich einen Beutel Mandarinen auf den Tisch.
„Ich male noch ein Bild", sagt Franzi. „Damit Herr Neumann weiß, dass die Sachen vom Nikolaus sind."

So kommt es, dass abends vor dem Schlafengehen zwei kleine Nikolause durch das Treppenhaus schleichen und Herrn Neumanns große Schuhe füllen. Weil Mama noch mal einkaufen war und noch mehr Mandarinen gekauft hat, bekommen Frau Hansen und Augustus und alle anderen Nachbarn auch gleich noch eine Nikolaus-Mandarine vor ihre Tür gelegt.

Nikolaus

„Warum frühstücken wir nicht immer so?", fragt Bibi und beißt dem kleinen Schoko-Nikolaus den Kopf ab.
Lars schält eine Mandarine und pult sorgfältig die weißen Fädchen ab.
„Weil du dann rund wie eine Kugel wärst", sagt er.
Finn kichert. „Dann könnten wir Bibi in die Kita rollen!"
Bibi streckt Finn die Zunge heraus. Aber Finn lacht nur noch mehr, weil Bibis Zunge schokoladenbraun ist.
„Fertig?", fragt Mama, „gleich kommt ... ."
Tatsächlich, da klopft Franzi auch schon. Sie kommt in die Küche und packt ihr Adventskalender-Päckchen aus. Heute ist ein winziger Holzengel darin.
„Meinst du, Herr Neumann ist schon wach?", fragt sie Lars.
Der zuckt mit den Schultern. Aber er beeilt sich, damit sie schnell nachschauen können, ob Herr Neumann schon entdeckt hat, dass der Nikolaus seine Schuhe gefüllt hat.
Nein, sie stehen vor der Tür. Herr Neumann schläft wohl noch. Aber die Mandarine vor Frau Hansens Tür ist verschwunden. Und aus der Wohnung hört man fröhliches Singen: „Lustig, lustig tralalalala, heut ist Nikolausmorgen da!"
Plötzlich geht Herrn Neumanns Tür auf. Der alte Herr schlurft auf Pantoffeln heraus. Er holt die Zeitung aus dem Briefkasten im Flur und schlurft wieder zurück. Vor seiner Wohnung stutzt er. Was ist denn das? Da in seinen Schuhen sind doch tatsächlich ... . Er schaut sich um.
Aha, die Kinder! Oben auf der Treppe stehen sie und grinsen. Herr Neumann kann nicht anders. Er muss einfach lachen.
„Stellt euch vor, der Nikolaus war da!", ruft er und zwinkert ihnen zu. „Bei euch auch?"

6. Dez.

Franzi und Lars nicken.
„Was für ein schöner Tag!", sagt Herr Neumann und nimmt seine gefüllten Schuhe mit in die Wohnung.
Jetzt kommt Mama mit Bibi. Sie begleitet heute die Kinder zur Kita.
Im Schaufenster der Bäckerei steht ein großer roter Plastikstiefel. Aus dem schauen Brötchen und Croissants heraus.
„Guck", sagt Franzi. „Der kann auch backen!"
„Und was hat der echte Nikolaus gebracht? Den gab's doch sicher wirklich mal", fragt Lars.
„Mama, weißt du das?"
Mama nickt. Dann erzählt sie die Legende vom Heiligen Nikolaus.

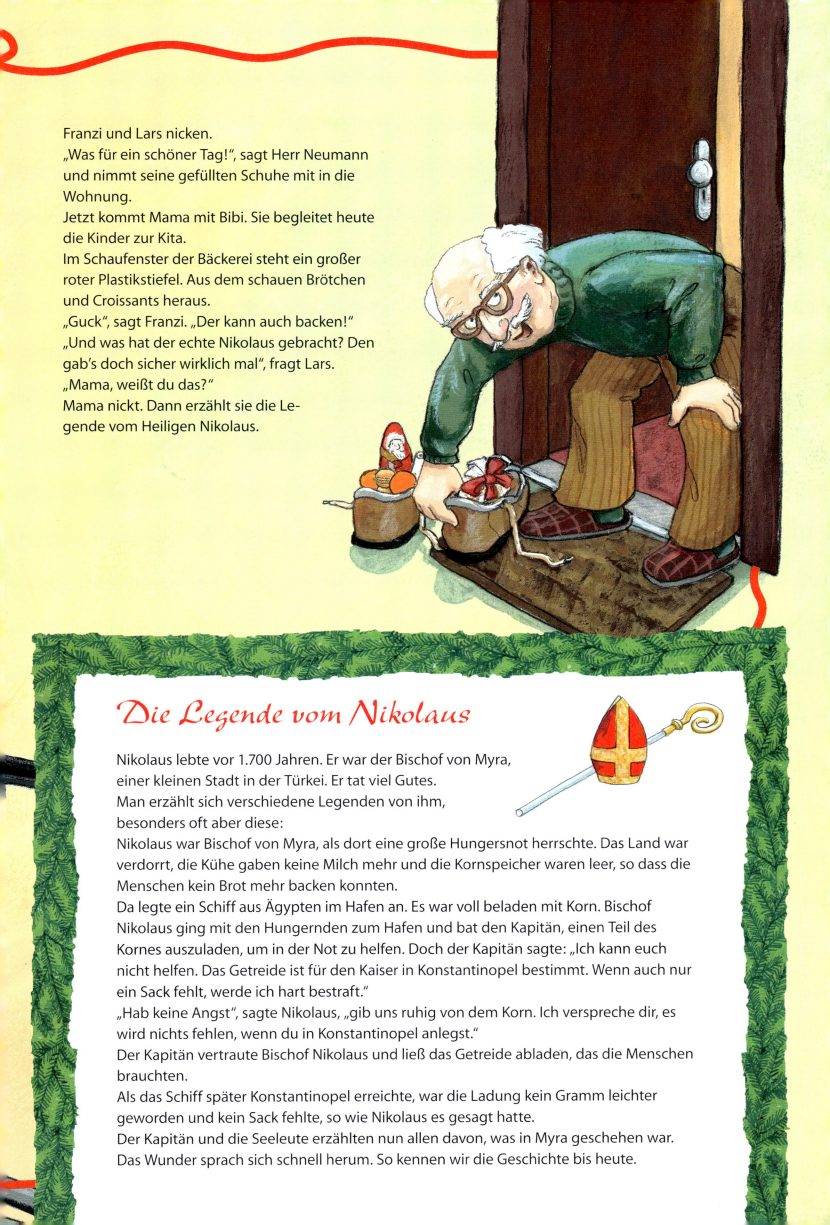

Die Legende vom Nikolaus

Nikolaus lebte vor 1.700 Jahren. Er war der Bischof von Myra, einer kleinen Stadt in der Türkei. Er tat viel Gutes.
Man erzählt sich verschiedene Legenden von ihm, besonders oft aber diese:
Nikolaus war Bischof von Myra, als dort eine große Hungersnot herrschte. Das Land war verdorrt, die Kühe gaben keine Milch mehr und die Kornspeicher waren leer, so dass die Menschen kein Brot mehr backen konnten.
Da legte ein Schiff aus Ägypten im Hafen an. Es war voll beladen mit Korn. Bischof Nikolaus ging mit den Hungernden zum Hafen und bat den Kapitän, einen Teil des Kornes auszuladen, um in der Not zu helfen. Doch der Kapitän sagte: „Ich kann euch nicht helfen. Das Getreide ist für den Kaiser in Konstantinopel bestimmt. Wenn auch nur ein Sack fehlt, werde ich hart bestraft."
„Hab keine Angst", sagte Nikolaus, „gib uns ruhig von dem Korn. Ich verspreche dir, es wird nichts fehlen, wenn du in Konstantinopel anlegst."
Der Kapitän vertraute Bischof Nikolaus und ließ das Getreide abladen, das die Menschen brauchten.
Als das Schiff später Konstantinopel erreichte, war die Ladung kein Gramm leichter geworden und kein Sack fehlte, so wie Nikolaus es gesagt hatte.
Der Kapitän und die Seeleute erzählten nun allen davon, was in Myra geschehen war. Das Wunder sprach sich schnell herum. So kennen wir die Geschichte bis heute.

Wunschzettel

7. Dez.

„Waf wünf ihr euch fu Weihnachten?", fragt Luka in der Frühstückspause und kaut mit vollen Backen.
„Hm. Versteht ihr, was er sagt?", fragt Franzi.
Luka schluckt und versucht es noch einmal: „Was wünscht ihr euch zu Weihnachten?"
„Also ich will einen elektrischen Bagger!", sagt Jonas großspurig.
„Will?", fragt Sina und zieht die Augenbrauen hoch.
„Ich wünsche mir einen Hund", sagt Lars. „Aber ich glaube nicht, dass ich den bekomme."
„Na, ist auch nicht so einfach mit einem Hund. Der braucht viel Zeit", erklärt Gül. „Der Hund von meinem Onkel will ständig spazieren gehen. Und allein bleiben mag er auch nicht. Aber er ist total süß!"
„Ich male gleich mal meinen Wunschzettel", verkündet Franzi. Eine tolle Idee!
Wenig später sitzen Franzi und Sina, Lars, Luka und Gül am Tisch und malen. Franzi malt einen großen Fußball. Ihr alter ist nicht mehr schön. Im Frühjahr will sie wieder auf dem Bolzplatz mit den anderen Fußball spielen.
Auf Sinas Wunschzettel sind Ketten und Armbänder aus bunten Perlen zu sehen. Luka starrt in die Luft. Dann schaut er auf Güls Blatt Papier.
„Feiert ihr überhaupt Weihnachten?", fragt Luka. „Ihr seid doch Muslime."
„Ein bisschen", erklärt Gül. „Die Geschichte von Jesus Geburt steht ja im Koran. Er war ein großer Prophet. Bei uns in der Familie gibt es deswegen auch ein Weihnachtsessen und für die Kinder ein Geschenk. Aber das ist nicht bei allen Muslimen so."
„Was malst du denn da? Wünschst du dir Menschen?" Auch über Lars Wunschzettel ist Luka verwirrt.
„Das ist meine Familie", erklärt

Lars und deutet mit dem Finger auf die Personen. „Mama, Papa, mein Bruder Finn und die kleine Bibi. Und das bin ich."
„Aber wer ist das? Die kenn ich nicht", fragt Franzi.
In der Mitte hat Lars eine Frau in einem karierten Rock gezeichnet.
„Das ist meine Granny", sagt Lars.
„Was ist denn das – eine Gränni?", fragt Sina.
„Meine Oma. Die wohnt in Schottland und da sagt man Granny. Ich wünsche mir, dass sie uns zu Weihnachten besucht. Sie kennt ja unsere neue Wohnung noch gar nicht."
„Coole Idee", sagt Franzi und fängt gleich an, neben ihren Ball einen Mann zu malen, danach folgt eine Frau.
„Oma und Opa", sagt sie. „Und jetzt fehlt noch Tante Sibylle."

Die Kinder malen eifrig ihre Weihnachtswünsche. Hoffentlich gehen viele davon in Erfüllung!
Luka malt Bäume. „Ich wünsche mir, dass wir mal wieder in den Wald gehen. Vielleicht finden wir jetzt eine Futterkrippe", erklärt er.
Auf Sinas Bild sind lauter kleine Sterne zu sehen.
„Ich wünsche mir Schnee!", sagt sie.
„Mit Schnee ist Weihnachten noch viel schöner!"
Lars, Luka, Franzi und Gül nicken. Dann malen auch sie ein paar Schneesterne auf ihren Wunschzettel. Wenn alle sich dasselbe wünschen, wird der Wunsch sicher erfüllt!

Wunschzettel

Ich wünsch mir einen Kuschelbär
und einen roten Ball,
ein Schlitten wäre auch ganz toll
und Schnee dann überall.

Ich wünsche mir ein Bilderbuch
und einen Weihnachtskuchen,
für Oma und für Opa auch,
die sollen uns besuchen.

Und was wünschst du dir?

Nimm Perlen, Glimmer, Strass, Wasserfarben, Zeitungsausschnitte, Goldfaden, Knöpfe, Buntpapier und alles, was Dir sonst noch so einfällt, um Deine Wunschliste zu verzieren!

In der Lebkuchen-Bäckerei

Heute geht Franzis Mama zu einer Feier in die Schule, in der sie als Lehrerin arbeitet. Auch Lars' Mama ist nicht zuhause. Aber das macht nichts, denn Tamara hat Zeit. Tamara wohnt im selben Haus – oben unter dem Dach hat sie eine ganz kleine Wohnung. Sie ist Studentin und hat schon oft auf Franzi aufgepasst. Heute lernt sie auch Lars kennen.

„Und was machen wir drei jetzt zusammen?", fragt sie.

„Backen", schlägt Franzi vor.

„Gute Idee", sagt Tamara und geht voraus in die Küche.

„Weihnachtsplätzchen ess´ ich am allerliebsten", verkündet Franzi. „Mit Schokolade."

Tamara schaut in den Vorratsschrank. „Hm, Schokolade haben wir nicht, aber sonst ist alles da. Dann backen wir eben Lebkuchen."

Sie stellt Mehl, Zucker, Vanillezucker, Eier, Mandeln, Orangeat, Zitronat, Backpulver und die Lebkuchengewürze bereit. Dann holt sie eine Schüssel und rührt Eier und Zucker schaumig. Nach und nach kommen die anderen Zutaten dazu und es entsteht ein dicker Teig. Franzi holt inzwischen die großen Backoblaten heraus und verteilt sie auf dem Backblech.

„Los geht's!", sagt Tamara.

Lars und Franzi dürfen den Teig dick auf die Oblaten streichen, dann kommt das Blech in den Ofen.

Lars fängt laut an zu singen: „Lebkuchen, Lebkuchen, tralalalala." Franzi muss so lachen, dass sie dabei eine ganze Ladung Mehl auf den Boden pustet.

„Wusstet ihr, dass es Lebkuchen schon seit hunderten von Jahren gibt?", fragt Tamara. „Aber früher hat man sie nicht nur zu Weihnachten gegessen, sondern ebenfalls zu Ostern. Und Lebkuchen waren sogar in der Fastenzeit erlaubt. Außerdem konnte man sie gut aufbewahren. In schlechten Zeiten haben Mönche solche Kuchen an die Armen verteilt."

„Echt?", fragt Lars. „Weißt du zufällig auch, warum manche Leute Pfefferkuchen sagen? Da ist doch gar kein Pfeffer drin!"

„Früher sagte man Pfeffer auch zu anderen Gewürzen, zu Muskat und Zimt zum Beispiel", erklärt Tamara.

„Pfefferkuchen, Pfefferkuchen, tralalalala", singt Lars.

Franzi darf aus Puderzucker und Wasser einen Zuckerguss anrühren.

„Lebkuchen gab es auch als Patenbrot", weiß Tamara noch. „Die Paten schenkten ihren Patenkindern eine Lebkuchenfrau oder einen Lebkuchenreiter."

Dann holt sie die fertig gebackenen Lebkuchen aus dem Backofen. Franzi und Lars pinseln eine Schicht Zuckerguss darüber.

„Fertig!", ruft Franzi.

„Nicht ganz", sagt Tamara und sieht sich um. Da ist Mehl auf dem Boden und kleine zertretene Teigkleckse. Puderzucker, Mehl und Teigflecken bedecken den Tisch. Vor der Backofentür liegen Krümel.

„Weihnachtsputzerei!", ruft Franzi und holt den Besen. Tamara, Franzi und Lars fegen und wischen und putzen, bis alles blitzeblank ist. Dann verstecken sie die Lebkuchen auf einem Teller im Schrank, damit sie eine Überraschung sind.

Doch als Franzis Mama die Küche betritt, sagt sie als erstes: „Oh, ihr habt gebacken!"

Franzi schmollt. „Woher weißt du das?"

Ihre Mama lacht. „So sauber wie jetzt war die Küche nicht, als ich weggegangen bin. Außerdem liegt hier Weihnachtsduft in der Luft."

„Weihnachtsduft liegt in der Luft - Weihnachtsduft liegt in der Luft!", singt Franzi und holt den Teller mit den Lebkuchen. Mmh!

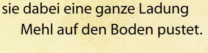

8. Dez.

Wusstet ihr schon...

... dass Lebkuchen mit dem Segen Gottes zu tun haben?
Nach altem Brauch gehören in Lebkuchen sieben Gewürze:
sie sollen schmecken lassen, dass jeder Tag der Woche mit Gottes Segen erfüllt ist.

... dass die traditionellen Bilder auf den Spekulatius die
Nikolausgeschichte darstellen und dass man so
mit den Abbildungen die Geschichte erzählt hat?

... dass der Christstollen das Jesuskind darstellen
soll und der weiße Puderzucker die Windeln?

Auf dem Weihnachtsmarkt

9. Dez.

Der Weihnachtsmarkt ist riesig. Überall gehen und stehen Leute. In manchen Gassen kann man sich kaum durchdrängen. Lars und Finn halten Papa an den Händen, damit sie sich nicht verlieren. An einem Schmuckstand bleiben sie stehen. „Schaut mal, meint ihr, die würde Mama gefallen?", fragt Papa und zeigt auf eine Kette aus hell- und dunkelgrünen Perlen. Finn legt den Kopf schief. „Ich glaube schon, Grün ist ja ihre Lieblingsfarbe."
Lars nickt, aber eigentlich interessiert er sich mehr für den nächsten Stand, an dem es allerlei Spielzeug aus Holz gibt.
Noch schöner ist aber der große Stand in der Mitte des Marktes, wo Edelsteine verkauft werden. Die meisten sind bunt und nur so groß wie Kieselsteine. Aber da liegt auch ein riesiger Stein, der von außen grau und hässlich aussieht. Er ist durchgeschnitten und so kann man die schönen lila Kristalle im Inneren sehen.
„Amethyst", liest Finn laut.
In einem Körbchen liegen kleine graue Steine, die kann man kaufen und mit einer besonderen Säge durchsägen lassen.
„Sucht euch jeder einen aus", sagt Papa und bezahlt zwei Steine. Finn und Lars greifen ins Körbchen. Ob diese Steine wirklich innen so schön sind?
Der Mann mit der Schutzbrille fängt an zu sägen. Und tatsächlich, als er Lars die beiden Hälften seines Steines zeigt, glitzern darin lauter kleine weiße Kristalle. Auch Finns unscheinbarer Stein ist innen wunderschön.
„Ja, manchmal erkennt man die Dinge erst, wenn man genau hinschaut!", sagt der Mann mit der Säge und lächelt.
Stolz stecken Finn und Lars ihre Steine in die Taschen.
Sie schauen dann noch Glasschmuck für den Weihnachtsbaum an, hören einem Chor zu, der Weihnachtslieder singt und bewundern die zart geschnitzten Krippenfiguren, die eine dicke Frau verkauft.
Zum Schluss gibt es für jeden eine süße Waffel. Dann machen sie sich auf den Heimweg.
„Das war schön!", sagt Finn. Lars und Papa nicken.

„Aber am schönsten sind die Steine", sagt Lars. „Bestimmt haben viele Leute nicht bemerkt, dass sie etwas Besonderes sind."
„Das ist wie mit Weihnachten", sagt Finn. „Als Maria und Josef nach Bethlehem gegangen sind, haben die Leute auch nicht bemerkt, dass etwas Besonderes geschehen wird."
„Genau!", sagt Papa und zieht eine Tüte gebrannter Mandeln aus der Manteltasche.
„Wollt ihr mal probieren, ob die gut für Mama und Bibi sind?", fragt er.
Oja, das wollen sie!

Maria und Josef machen sich auf den Weg

Kaiser Augustus wollte alle Leute in seinem Reich zählen und in Steuerlisten eintragen. Dazu sollte jeder in die Heimat seiner Vorfahren ziehen.
Auch Josef und Maria machten sich auf den Weg von Nazareth nach Bethlehem, weil ihre Vorfahren aus Bethlehem stammten. Maria war schwanger. Denn dies geschah nicht lange, nachdem der Engel ihr verkündet hatte, dass sie ein besonderes Kind bekommen würde.

Seid doch mal friedlich!

„Du Blödmann", schreit Luka.
„Selber Blödmann", schreit Anna zurück.
„Ich hatte den Glitzer-Stift zuerst", brüllt Luka. Sein Gesicht ist ganz rot.
„Du hast ihn aber hingelegt, also war er frei!", brüllt Anna zurück.
„Du willst ja nie was hergeben", mischt sich jetzt auch Sara ein. „Dabei gehören die Stifte uns allen."
„Stimmt, gestern hast du in der Bauecke niemanden an die Klötze gelassen!", ruft Ahmed.
„Stimmt doch gar nicht!", schreit Luka, „sag's denen, Tim."
Tim nickt und brüllt dann auch: „Das war ganz anders, ich war selbst dabei."
„Jetzt seid doch mal friedlich!", ruft Sina dazwischen und hält sich die Ohren zu.
Frau Zimmermann schüttelt den Kopf und steht auf. In der Bücherecke am anderen Ende des Gruppenraums schauen Lars und Franzi von

10. Dez.

In einer kalten Winternacht

In einer kalten Winternacht klopft es beim Fuchs. Verschlafen tappt er in Pantoffeln durch seinen dunklen Bau und öffnet die Tür. Keiner zu sehen. Der Fuchs zuckt mit den Achseln und kriecht zurück in sein warmes Bett.
„Au", ruft ein helles Stimmchen, als sein Kopf das Kissen berührt. Was war das? In seinem Bett liegt eine winzige Maus! Sie könnte gerade in einen hohlen Zahn passen.
„Ah, ein Gutenachthappen!", ruft der Fuchs erfreut. „Los, lauf schon!"
Doch die Maus bleibt einfach liegen. Sie sieht erschöpft aus und halb erfroren.
„Lauf endlich", drängt der Fuchs, „ich kann dich doch nicht fangen, wenn du nicht davonläufst."
„Ich kann nicht mehr", piepst die Maus. „Mein Bau ist zugeschneit. Ich bin den ganzen Tag gelaufen und nirgendwo gab es etwas zu knabbern. Am besten du frisst mich sofort."
Hilflos sieht der Fuchs die Maus an.
„Aber ich kann nur fressen, was ich jage. Und ich kann nur jagen, was wegläuft."

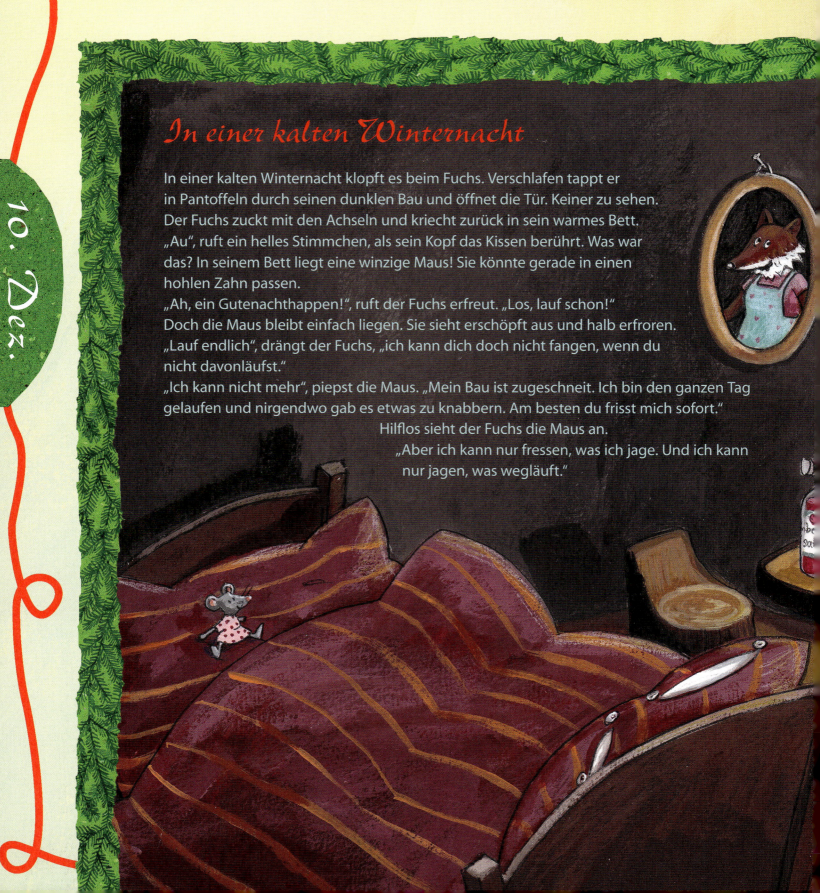

ihren Bilderbüchern hoch. Das ist schon das dritte Mal heute, dass jemand sich mit Luka streitet.
„Jetzt ist's genug", sagt Frau Zimmermann.
„Ich kann ja verstehen, dass Ihr mal laut werdet. Aber das kann man auch anders klären," sagt Frau Zimmermann. Sie setzt sich zu den Kindern an den Maltisch. „Und nun einer nach dem anderen."
Das klappt gut. Die Kinder sprechen jetzt ganz ruhig. Jeder wartet, bis er an der Reihe ist und seine eigene Meinung sagen darf. Die anderen hören zu. Es ist leise geworden am Maltisch. Lars und Franzi können kein Wort verstehen, aber das ist auch nicht wichtig. Wichtig ist, dass Luka, Anna, Sara und die anderen nach kurzer Zeit wieder friedlich nebeneinander sitzen und weiter malen.
„Friede auf Erden", seufzt Franzi glücklich und vertieft sich wieder in ihr Bilderbuch.

„Na, dann frisst Du mich eben nicht!", seufzt die Maus und dreht sich auf die Seite. Vorsichtig, ganz vorsichtig legt sich der Fuchs neben sie.
„Und morgen, wenn du ausgeruht bist?", fragt er hoffnungsvoll.
Doch die Maus ist bereits eingeschlafen. Wie klein sie ist! Der Fuchs liegt ganz still. Wie weich sie sich anfühlt! Dann schläft auch er.
In einer kalten Winternacht träumt der Fuchs von einer Maus, die ihn nicht fürchtet. Vielleicht ist am nächsten Morgen alles wie früher. Doch vielleicht, vielleicht, vielleicht ist dies auch der Beginn einer wunderbaren Freundschaft.

Weihnachtskarten

Heute wollen Lars und Franzi Weihnachtskarten basteln. Franzis Mama hat eine große Kiste vom Speicher geholt, die ist voll mit buntem Papier und Pappe.
„Ich brauche eine Karte für meine Granny", sagt Lars, „eine für Mama und Papa und dann noch eine."
„Eins, zwei, drei", sagt Franzi. Sie zählt mit den Fingern mit. „Ich brauche auch drei. Für Mama, für Tante Sybille und für Oma und Opa eine zusammen."
Lars nickt und nimmt sich drei glatte weiße Karten aus einem kleinen Karton. Nachdenklich schaut er sie an.
„Wie können wir damit Weihnachtskarten machen?"
„Da seid ihr!" Bibi kommt zur Tür herein.
„Ich will auch basteln!", ruft sie und greift nach einem Stück leuchtend rotem Papier. Ratsch! Erschrocken sieht sie den abgerissenen Fetzen in ihren kleinen Fingern an.
„Ist nicht schlimm", sagt Franzi. „Wir haben genug Papier."
Lars hat eine Idee. „Guter Tipp, Bibi."
Er reißt ebenfalls ein Stück von dem roten Papier ab und schaut es von beiden Seiten an. Ja, das ist das richtige Buntpapier. Wenn man die Rückseite nass macht, klebt es auf der Karte.
„Damit haben wir in meinem alten Kindergarten

11. Dez.

schon mal Osterkarten gebastelt", sagt Lars. „Wenn man lauter kleine Fetzen aneinander klebt, sieht das richtig gut aus."
„Reißen?", fragt Bibi.
Lars nickt und Bibi fängt an, das rote Papier in kleine Fetzen zu reißen. Die legt sie auf einen Haufen. Franzi holt einen nassen Schwamm. Auf dem können sie die Papierfetzen anfeuchten, damit sie gut kleben. Lars fängt sofort an. Rot und eckig, was das wohl wird?
„Bibi, hier, jetzt das gelbe Papier", sagt Franzi. Bibi ist sehr stolz, dass sie helfen darf und reißt nun auch das gelbe Papier. Franzi hat mit einer Pappschablone einen schönen Stern auf ihre Karte gemalt. In diesen Stern klebt sie nun die gelben Fetzen.
„Gelb brauche ich auch", sagt Lars. Er möchte eine Kerze kleben.
Die Kinder reißen und kleben und reißen und kleben. Im Nu liegt ein ganzer Stapel Weihnachtskarten auf ihrem Basteltisch.
„Hm", sagt Lars, „so viele Karten brauchen wir doch eigentlich gar nicht."
„Macht nichts", sagt Franzi und nimmt sich noch eine weiße Karte. „Dann können wir einfach noch mehr Leuten eine Karte schenken. Frau Hansen und Augustus zum Beispiel."
„Und Tamara", sagt Lars.
„Frau Zimmermann im Kindergarten", fällt Franzi noch ein, „und Herrn Neumann."
„Finn kann die Namen drauf schreiben, der ist ja schon in der Schule", sagt Lars.
Franzi nickt, Bibi nickt und dann reißen und kleben die drei noch viele wunderschöne Weihnachtskarten.

Mosaik-Weihnachtskarten

Du brauchst:

Buntpapier (gummiert)

weiße Karten

einen Bleistift

einen kleinen nassen Schwamm

Das Buntpapier reißt du in kleine Fetzen.

Auf die weiße Karte malst du (oder ein Erwachsener) die Form vor: zum Beispiel eine Kerze, einen Stern oder einen Tannenzweig mit einer Kugel.

Dann feuchtest du die Papierfetzen von hinten an und klebst sie in die Form. Achte dabei besonders auf die Ränder.

Wie geht es dir?

„Kommst du mit? Ich gehe Simon besuchen",
fragt Franzi.
Lars zögert. Er kennt Simon noch gar nicht,
obwohl er in der Wohnung genau gegenüber
von Franzi wohnt. Aber Simon geht in die
2. Klasse und war bis heute Morgen im Kranken-
haus, weil er sich den Knöchel gebrochen hatte
und operiert werden musste.
„Komm – Simon freut sich sicher über Besuch!",
sagt Franzi.
Das stimmt. Simon sitzt auf dem Sofa und hat
sein Bein hoch gelegt. „Das ist Lars. Er wohnt
jetzt auch in unserem Haus", sagt Franzi.
„Du hast ja gar keinen Gips!" Sie staunt, denn
Simons Fuß steckt in einem seltsamen
Stiefel. Simon grinst.
„Tja, hier darfst du leider nicht
drauf malen!", sagt er.
„Tut das sehr weh?", fragt Lars.

12. Dez.

„Es geht", antwortet Simon. „Ich kann mit den Krücken schon wieder ein bisschen herumlaufen. Heute Abend kann ich endlich mein Chanukka-Licht selbst anzünden."
Er zeigt auf einen Kerzenleuchter auf der Fensterbank.
„Was für ein Licht?", fragt Lars.
„Chanukka", sagt Simon. „Das ist ein jüdisches Fest. Wir feiern es im November oder Dezember. Jeden Abend wird eines der Lichter mehr angezündet, bis alle acht Lichter brennen."
„Da sind aber neun Kerzen", sagt Lars.
Simon nickt. „Die Kerze in der Mitte ist der Helfer. Damit werden die anderen angezündet."

Das Chanukka-Fest

Zweihundert Jahre vor Jesus Geburt wurde die Stadt Jerusalem eine Zeit lang von Syrern beherrscht. Sie machten den Tempel der Juden unbenutzbar, so dass diese dort keinen Gottesdienst mehr feiern konnten. Doch dann gelang es den Juden, die Syrer zu vertreiben. Jetzt wollten sie den Tempel neu einweihen. Dafür mussten sie mit besonderem Öl das Licht an der Menora anzünden, dem siebenarmigen Leuchter. Sie fanden nur noch einen Krug von diesem Öl. Das hätte gerade für einen Tag gereicht. Um neues Öl herzustellen, brauchte man aber acht Tage. Doch wie durch ein Wunder reichte der eine Krug, bis das neue Öl fertig war.
Zur Erinnerung an dieses Wunder feiern die Juden das Chanukka-Fest. Es dauert acht Tage. Jeden Abend wird eine Kerze mehr angezündet. Zu Chanukka gibt es Pfannkuchen und Geschenke für die Kinder. Auch Jesus war ein Jude und hat das Chanukka-Fest gefeiert.

„Dann bist du jüdisch. Und feiern Juden auch Weihnachten?", fragt Lars.
Simon schüttelt den Kopf: „Nein", sagt er.
„Dann bekommst Du ja gar keine Geschenke?"
Simon lächelt. „Doch. Die gibt es zu Chanukka!"
„Na, dann ist ja gut!", sagt Franzi. „Geschenke sind auch wichtig. Ich wünsche mir einen neuen Fußball."
„Und ich einen gesunden Fuß", sagt Simon und seufzt.

„Armer Simon", sagt Franzi. Ein gebrochener Knöchel ist nichts, was man sich wünscht.
„Ach was", sagt Simon. „Ich bin nicht arm. Es gibt viele ärmere Menschen. Menschen, die hungern, die kein Geld haben, oder Kinder, die keine Eltern haben, oder Menschen, die krank und allein sind. Da geht's uns doch gut!"
Franzi nickt.
„Wir sammeln in der Kirche Geld für arme Kinder in Afrika und in der Kita Spielsachen für ein Waisenhaus", erzählt Lars.
„Und wir gehen den armen Simon besuchen, damit der nicht allein ist", sagt Franzi.
Simon lacht.
„Ich bin doch reich – mit solchen Freunden im Haus!"

Lucia

13. Dez.

"Oh nein, jetzt wird es schon wieder dunkel."
Lars seufzt und schaltet das Licht in Franzis Zimmer an. Eigentlich ist es noch Nachmittag. Aber jetzt, nur wenige Tage vor Weihnachten, sind die Tage sehr kurz.
"Ich finde das gemütlich", sagt Franzi. "Wenn man dann eine Kerze anmacht, ist es sogar wunderbar gemütlich."
Franzis Mama guckt zur Tür herein. "Habt ihr Lust auf einen heißen Kakao bei Kerzenlicht? Ein paar Lebkuchen sind auch noch da!"
Das lassen sich Lars und Franzi nicht zweimal sagen. Im Nu sitzen sie alle am Küchentisch. Die Kerzen am Adventskranz leuchten. Auch auf der Fensterbank stehen drei brennende Teelichter in bunten Gläsern.
"Schön!", sagt Lars.
"Wunderschön!", sagt Franzi.
"In Schweden feiert man heute das Luciafest", erzählt Franzis Mama. "Das ist ein Lichterfest. In Schweden wird es nämlich noch früher dunkel als hier!"
"Können wir auch ein Luciafest feiern?", fragt Franzi.
Ihre Mama überlegt. Dann steht sie auf. "Moment", sagt sie und geht aus der Küche.
"Kerzenlicht ist so feierlich", sagt Franzi. "Da denk ich immer an das Lied ... ." Sie beginnt zu singen: "Gott hat uns lieb groß und klein, seht auf des Lichtes Schein."
Franzis Mama kommt zurück. Sie hat etwas Weißes über dem Arm, ein rotes Band und einen Karton in der Hand. "Das älteste Mädchen spielt die Lucia, das haben wir heute Morgen in meiner Schulklasse auch so gemacht", sagt sie und zwinkert. Dann hilft sie Franzi, das weiße Gewand anzuziehen, und bindet ihr ein rotes Band um die Taille. Aus der Leinentasche holt sie einen Kranz, an dem Kerzen befestigt sind. Keine echten Kerzen, das wäre zu gefährlich. Aber durch eine kleine Batterie leuchten sie fast genau so schön.
Den Luciakranz setzt sie Franzi auf den Kopf.
"Und Lars?", fragt Franzi.
Lars bekommt auch ein weißes Gewand und wird ein Sternenknabe.
"Und jetzt?", fragt Franzi.
"Jetzt singen wir Lieder über das Licht und gehen dabei durch die Wohnung", sagt Mama und zieht ihren blauen Pullover aus. Darunter trägt sie eine weiße Bluse. Das passt.
"Tragt in die Welt nun ein Licht ...", fängt Franzi an zu singen. Doch sie dreht an der Wohnungstür nicht um, sondern geht hinaus ins Treppenhaus und die Treppe hinunter. Da öffnet sich

Tragt in die Welt nun ein Licht

Tragt in die Welt nun ein Licht, sagt allen: "Fürchtet euch nicht! Gott hat uns lieb, groß und klein. Seht auf des Lichtes Schein!"

T u. M: Wolfgang Longardt. © Verlag Ernst Kaufmann, Lahr

auch schon die Tür bei Familie Berger und Bibi schaut heraus.
„Ich will auch weiß singen!", ruft sie. Zum Glück hat ihre Mama ein weißes T-Shirt, aus dem sie ihr mit einem roten Schleifenband ein Gewand zaubern kann. Finn zieht Mamas weißen Bademantel an. Der ist nur ein bisschen zu lang, aber für einen Sternenjungen passt er. Singend ziehen die Kinder weiter die Treppen hinunter: „Tragt in die Welt nun ein Licht … ."
Frau Hansen öffnet ihre Tür. „Sagt allen: Fürchtet euch nicht", singt sie mit. Und auch der alte Herr Neumann steht plötzlich im Treppenhaus. Er singt zwar nicht mit, aber so griesgrämig wie sonst sieht er gar nicht aus. Er lächelt sogar.
„Heute ist Luciafest", erklärt Franzi. Und dann singen sie noch einmal alle zusammen.

Strohsterne

„So, das ist die letzte Umzugskiste", sagt Mama. Ein Umzug macht ziemlich viel Arbeit. Bis alle Kisten ausgepackt sind und alle Sachen wieder in den Schränken an ihrem Platz liegen, vergeht einige Zeit.
„Was ist da drin?", fragt Finn.
„Was Schönes!", sagt Mama geheimnisvoll.
„Etwas, was wir bald brauchen."
Sie öffnet den Karton. Bibi rennt zu ihr und schaut neugierig hinein.
„Weihnachten!", ruft sie.
Ja, dies ist der Karton mit Weihnachtsschmuck. Da sind die Kugeln für den Christbaum, das kleine, silberne Vögelchen, das Mama schon als Kind hatte, und ein Schuhkarton voller Strohsterne. Es gibt große Strohsterne aus runden Halmen und kleine aus flach gebügelten, mit verzierten Spitzen und mit goldenen Fäden zusammen gebunden.
Mama legt die Sterne sorgfältig auf den Tisch.
„Das ist der schönste!", sagt Lars und zeigt auf einen großen, dicht geflochtenen Stern.
„Nein, der da!", widerspricht Bibi. Ihr gefällt der kleine mit dem Goldband besser.
Finn zuckt mit den Schultern, er findet alle schön.
„Dass man aus Stroh, auf dem sonst Tiere schlafen, so tolle Sterne machen kann!", sagt er bewundernd.
Mama nickt.
„Genau deshalb basteln wir Strohsterne und hängen sie auf: weil Jesus als Baby in einem armen Stall auf die Welt gekommen ist. Sein erstes Bett war eine Futterkrippe", erklärt Mama. „Daran erinnert uns das Stroh. Guckt mal, hier habe ich noch eine Packung Strohhalme. Wer mag basteln?"
Finn, Lars und Bibi setzen sich an den Tisch. Mama holt eine Schere, Faden und Klebstoff.
„Ich mache einen Stern wie Maria", sagt Bibi.
„Maria?", fragt Lars.

„Ja, Maria. Jesus Mama. Die hatte doch so viel Stroh im Stall, da hat sie sicher auch einen Stern für ihr Baby gebastelt."
Lars und Finn schauen sich an. Ob das stimmen kann?

14. Dez.

Einfacher Strohstern

So kannst du Strohsterne basteln: Das Zusammenbinden der Sterne geht am besten zu zweit. Am einfachsten ist es, wenn dir am Anfang ein älteres Kind oder ein Erwachsener hilft. Du benötigst dafür:

4 Strohhalme pro Stern    weißen Zwirn   Schere

1. Halbiere 2 Strohhalme.
Lege 2 halbe Halme zu einem Kreuz zusammen.
Drücke die Halme in der Mitte flach.
Mache das Gleiche mit den beiden anderen halbierten
Halmen. Lege beide Kreuze versetzt übereinander.

2. Halte sie in der Mitte mit dem linkem
Daumen und dem Zeigefinger fest.
Wickle mit der rechten Hand einen Zwirn-
faden erst über den obersten Halm, dann
abwechselnd unter und über die anliegenden
Halme, bis du einmal herum bist.
Lass dir helfen, die Fadenenden mit einem
Doppelknoten zusammenzuknoten.

3. Jetzt kannst du die Halme gleichmäßig ziehen
Schräge die Spitzen des Stern etwas mit
der Schere ab.

 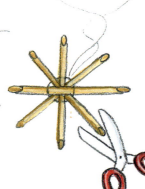

4. Wenn Du den Fadenanfang und das Ende lang
genug machst, kannst du daraus die Schlaufe zum
Aufhängen knoten.
Ein einfacher Stern ist fertig.

Doppelstern

Für einen Doppelstern bastle einen weiteren Stern.

Lege zwei Sterne versetzt übereinander.
Fädle wieder einen Faden abwechselnd
über und unter den Halmen hindurch,
bis du einmal ganz herum bist.
Verknote die Enden miteinander.

Im Advents- gärtlein

Es ist schon dunkel, als Lars und Franzi in die Kita gehen. Heute gehen sie nämlich nicht am Vormittag zum Spielen dorthin, sondern zu einer ganz besonderen Feier: dem Adventsgärtlein. Lars ist ein bisschen aufgeregt, denn er kennt aus seinem alten Kindergarten das Adventsgärtlein nicht. Aber er freut sich schon, denn die Kinder haben mit den Erzieherinnen heute Morgen alles wunderbar vorbereitet! Die bereit gelegten Tannenzweige haben so adventlich geduftet. Die roten Äpfel für die Apfelkerzen haben die Kinder mit Fett so poliert, dass sie richtig glänzen. Frau Zimmermann hat in jeden Apfel ein Loch gebohrt und eine Kerze hinein gesteckt. Ungeduldig zieht Lars seine Jacke aus und hängt sie an den Haken.
„Bis später!", ruft Mama und winkt zum Abschied.
„Pssst!", macht Franzi.

Alle Kinder bekommen ihre Apfelkerze und warten ganz leise darauf, dass Frau Zimmermann die Tür zum Gruppenraum öffnet. Der Raum ist dunkel. Auf dem Boden ist eine große Spirale aus Tannenzweigen gelegt. Nur in der Mitte brennt eine dicke Kerze.
Leise setzen sich die Kinder um die Spirale. Dann beginnen sie zu singen, und Franzi darf als Erste die Spirale entlang bis zur Mitte gehen. Dort zündet sie ihre Apfelkerze an der großen Kerze an. Ganz feierlich und vorsichtig geht sie zurück, stellt die brennende Kerze auf die Spirale und setzt sich wieder.

15. Dez.

Gar nicht so schwer, denkt Lars. Er ist der nächste. Schön ist das. Sehr feierlich. Jetzt ist Sina dran und dann Luka.
Mit jedem Kind wird es ein wenig heller im Raum, bis zum Schluss alle Kerzen auf der Spirale stehen und leuchten.
Leise verlassen die Kinder den Raum. Lars wirft noch einen Blick zurück auf die Lichterspirale. Er fühlt sich ganz ruhig und glücklich.
Franzi geht es genau so. Zum ersten Mal plappert und kichert sie auf dem Heimweg nicht. Leise summt sie eine Weihnachtsmelodie.
„War es schön?", fragt Mama.
„Ja!", sagen Franzi und Lars gleichzeitig.
Dann lächeln sie wieder ganz still.

Adventsmeditation

Es ist schön zu toben.
Es ist schön zu lachen.
Doch auch Stillsein ist schön.
Ich setze mich,
werde ganz ruhig.
Ich tue nichts,
schaue nur
in die Kerzenflamme,
lasse meine Gedanken schweben.
Vielleicht rieche ich den Advent
mit Plätzchen- oder Tannenduft.
Vielleicht lausche ich der Musik
oder dem Klang der Glocken.
Vielleicht spreche ich mit Gott,
erzähle ihm, was mir gefällt
und was ich mir wünsche.
Vielleicht aber bin ich
einfach nur
still.

Alles schön

„Macht hoch die Tür, die Tor macht weit", singt Frau Hansen laut. Sie putzt das Treppenhaus. Ihr schwarzer Kater Augustus sitzt vor der halb offenen Wohnungstür und beobachtet sie. Mama und Bibi kommen die Treppe herunter. Sie wollen noch ein frisches Brot beim Bäcker kaufen.
„Hallo Frau Hansen", grüßt Mama.
„Hallo Frau Hansen und Augustus", verbessert Bibi.
Mama lacht. „Entschuldige Augustus, ich habe dich nicht gesehen."
Neben Augustus steht ein Blumentopf mit einem roten Weihnachtsstern.

„Schöne Blume", sagt Bibi.
Frau Hansen nickt.
„Ja, und gleich haben wir auch ein sauberes Treppenhaus. Jetzt ist ja die richtige Zeit, um alles schön zu machen. Hast du schon die Lichter in der Stadt gesehen?"
Bibi nickt. Natürlich hat sie gesehen, dass Weihnachtslichter über den Straßen hängen und viele Bäume geschmückt sind.
„Wir haben auch Lichterketten und Kerzen und Tannenzweige in der Wohnung", erzählt sie.
„Aber bei uns ist die Tür zu."
Frau Hansen schaut sie überrascht an.
„Bei dir ist die Tür auf und du hast gesungen,

Macht hoch die Tür, die Tor macht weit

1. Macht hoch die Tür, die Tor macht weit, es kommt der Herr der Herrlichkeit, ein König aller Königreich, ein Heiland aller Welt zugleich, der Heil und Leben mit sich bringt, derhalben jauchzt, mit Freuden singt: Gelobet sei mein Gott, mein Schöpfer reich von Rat.

2. Er ist gerecht, ein Helfer wert; Sanftmütigkeit ist sein Gefährt. Sein Königskron ist Heiligkeit, sein Zepter ist Barmherzigkeit; all unsre Not zum End er bringt, derhalben jauchzt, mit Freuden singt: Gelobet sei mein Gott, mein Heiland groß von Tat.

3. O wohl dem Land, o wohl der Stadt, so diesen König bei sich hat. Wohl allen Herzen insgemein, da dieser König ziehet ein. Er ist die rechte Freudensonn, bringt mit sich lauter Freud und Wonn. Gelobet sei mein Gott, mein Tröster früh und spat.

T: Georg Weissel. M: Halle 1704
Evangelisches Gesangbuch Nr. 1

dass sie noch weiter aufgehen soll."
Frau Hansen lacht.
„Ach so!", sagt sie und fängt wieder an zu singen: „Macht hoch die Tür, die Tor macht weit, es kommt der Herr der Herrlichkeit … . Das ist ein ganz altes Adventslied, gefällt es dir?"
Bibi nickt.
„Welcher Herr kommt denn?", fragt sie. „Der Herr Neumann?"
„Oh, nein, Schätzchen. Jesus Christus kommt bald. In dem Lied heißt er der Herr der Herrlichkeit. Zu Weihnachten feiern wir seine Geburt und dass er zu uns auf die Erde gekommen ist."
„Und für die Feier machen wir alles schön!", erklärt Bibi.
„Genau!"
In diesem Moment leckt Augustus seine Pfote und fängt an sich zu putzen. Mama, Bibi und Frau Hansen lachen.
„Augustus macht sich auch schön", ruft Bibi.
„Dann kann Weihnachten ja kommen!"

Eine echte Weihnachtsgrippe

17. Dez.

Heute ist Franzi nach der Kita noch ein bisschen bei ihrer Freundin Sina. Sie spielen mit ihren Puppen.
„Was schenkst du deiner Mama zu Weihnachten?", fragt Sina plötzlich.
„Weiß nicht", antwortet Franzi.
„Ich schenke meinen Eltern eine Grippe!", verkündet Sina stolz.
Franzi reißt die Augen auf. Eine Grippe? So mit Husten und Schnupfen? Und Halsweh und Fieber? Sie kann sich nicht vorstellen, dass Sinas Eltern sich darüber freuen werden. Aber sie schweigt, denn Sina ist immer so schnell beleidigt.
„Ich will was basteln", sagt Franzi schließlich. „Ich habe noch ganz viel bunte Pappe im Schrank. Da sind auch noch Goldpapier und ein Paket Strohhalme. Richtige, aus echtem Stroh. Daraus habe ich im letzten Jahr Strohsterne gebastelt."
„Gute Idee", findet Sina. „Und was bastelst du dieses Jahr?"
„Keine Ahnung", sagt Franzi.
Sina lacht. „Warum schenkst du deiner Mama nicht auch eine Grippe?", sagt sie. „Das wäre doch toll!"
Franzi schüttelt den Kopf. Sie kennt ihre Mama. Die hat bestimmt keine Lust, Weihnachten krank im Bett zu liegen.
„Komm, ich zeig dir mal meine", schlägt Sina vor. Sie geht zu ihrem Schrank und holt eine blaue Schachtel heraus.
Neugierig kommt Franzi näher.
„Ist das nicht gefährlich?", fragt sie vorsichtig.

„Gefährlich? Was soll an einer Grippe denn gefährlich sein?", sagt Sina verwundert.
Franzi schaut in die Schachtel. Dann beginnt sie schallend zu lachen.
Sina hat aus einer Streichholzschachtel ein Bettchen gebastelt. Unter einer kleinen weißen Decke schaut eine Holzperle heraus, auf die Sina ein Gesicht gemalt hat. Daneben steht eine Frau aus einer blauen Papprolle mit einem runden Styroporkopf und langen schwarzen Haaren aus Wolle. Außerdem sind da noch ein Mann aus brauner Pappe mit einem Stock und zwei kleine Schafe aus Watte.
„Warum lachst du? Findest du meine Grippe nicht schön?", fragt Sina beleidigt.
„Doch, doch", sagt Franzi und kichert weiter.
„Es ist nur – du hast immer Grippe gesagt. Und da habe ich an die Krankheit gedacht."
„Blödsinn!", sagt Sina. „Wer verschenkt denn schon Krankheiten?"
Franzi nickt und zeigt auf die Schachtel.
„Aber das da, das ist eine Krippe. Krippe mit K, verstehst du?"
„Krippe? Nicht Grippe? Bist du sicher?", fragt Sina.
„Ganz sicher!", sagt Franzi.
„Na gut, dann schenke ich meinen Eltern eben eine Krippe. Ist bestimmt gesünder!", sagt Sina.

Jetzt lachen Franzi und Sina so laut, dass Sinas Mutter zur Tür hereinschaut.
„Habt ihr was?", fragt sie neugierig.
„Klar haben wir was", sagt Sina. „Ein Weihnachtsgeheimnis. Aber eine Krankheit ist es nicht!"

Wie es mit Maria und Josef weiterging

Erinnert ihr euch? Maria und Josef waren losgezogen nach Bethlehem. Dort sollten sie gezählt und in die Steuerlisten eingetragen werden.

Als Maria und Josef endlich in Bethlehem ankamen, waren dort schon sehr viele Leute. In der Herberge war kein Platz mehr zum Übernachten, nur noch bei den Tieren im Stall.
In dieser Nacht bekam Maria ihr Kind. Weil es im Stall kein Bettchen gab, richtete sie in der Futterkrippe ein Bett für den kleinen Jesus und legte ihn dort hinein.

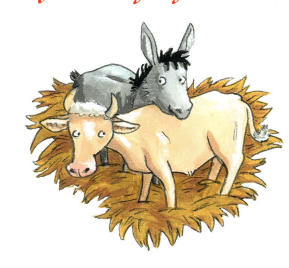

Freude über ♥ Freude

18. Dez.

„Es schneit!", schreit Finn, als er morgens aus dem Fenster schaut. Tatsächlich, eine dünne weiße Schicht liegt auf der Straße, und die Bäume sehen aus, als hätte man Puderzucker über sie gestreut. Vom Himmel fallen zarte Flocken.

„Schneit!", ruft Bibi und rennt zum Fenster. Lars folgt ihr. Eine ganze Weile stehen die Kinder am Fenster und schauen den Flocken zu. Irgendwie ist die Welt ganz anders heute, ganz leise durch den Schnee.

Auch in der Kita reden alle vom Schnee.

„Wenn wir nachher raus gehen, können wir ja einen Schneemann bauen", schlägt Jonas vor.

„Und eine Schneefrau natürlich auch", meint Franzi.

„Hoffentlich schneit es weiter", sagt Lars. „Alles sieht so schön geschmückt aus. Da freut man sich richtig auf Weihnachten."

Die Kinder nicken.

„Und worauf freuen sich die Muslime, die kein Weihnachten feiern?", fragt Sina plötzlich.

„Ich freue mich immer am meisten auf das Zuckerfest", sagt Gül sofort. „Das feiern wir, wenn der Ramadan vorbei ist."

„Ramadan? Was ist denn das?", fragt Sina.

„Ramadan ist unser Fastenmonat", erklärt Gül. „Da dürfen die Leute tagsüber nichts essen und trinken. Außer den Kindern oder kranken Leuten natürlich. Und nach 30 Tagen, wenn der Ramadan vorbei ist, feiern wir drei Tage lang ein großes Fest mit Geschenken und vielen süßen Sachen. Deshalb sagen wir auch Zuckerfest."

„Das klingt gut", sagt Sina.

Als die Kinder schließlich mit Frau Zimmermann in den Garten gehen, ist tatsächlich schon genug Schnee gefallen, um große Kugeln zu rollen und daraus einen Schneemann und eine Schneefrau zu bauen. Frau Zimmermann holt aus der Küche zwei Möhren für die Nasen. Für die Gesichter finden die Kinder neben der Treppe dunkle Kieselsteine.

Gottes Liebe

Jesus kam als Gottes Sohn
zu uns auf die Erde,
in der Krippe dort im Stall,
dass ein Mensch er werde.

Ob arm, ob reich, Gott hat uns lieb,
was wir auch tun und denken,
will seine große Liebe uns
in Jesus Christus schenken.

Und jedes Jahr, wenn wieder Weihnachten ist,
spür ich Gottes Liebe und ich nenne mich Christ.

„Ich freu mich, ich freu mich ... ", ruft Franzi und tanzt um den Schneemann und die Schneefrau herum.

„Warum? Du hast doch noch gar keine Geschenke", fragt Luka.

„Aber ich habe Schnee und ich habe Freunde und bald ist Weihnachten und ich freu mich einfach", sagt Franzi und hüpft weiter. „Jesus ist geboren und Gott hat uns lieb und heute ist ein wunderschöner Tag!"

Die Kinder lachen. Franzis Freude steckt an.

„Dann fehlen ja nur noch die Engel, die allen von der Freude erzählen", sagt Lars und lässt sich rückwärts in den Schnee plumpsen. Mit den Armen rudert er auf und ab. Als er aufsteht, sieht man tatsächlich einen Schneeengel auf dem Boden.

„Cool!", sagt Luka und lässt sich auch in den Schnee fallen. Franzi plumpst hinterher. Im Nu sind der Schneemann und die Schneefrau von einer ganzen Schar Schneeengel umgeben. Und alle freuen sich.

Weihnachtsmänner überall

19. Dez.

Lars ist mit seiner Mama in der Stadt, um neue warme Schuhe zu kaufen, denn seine Füße sind schon wieder gewachsen. Vor dem Schuhgeschäft steht ein Weihnachtsmann in einem rot-weißen Anzug. Er hält ein Schild in der Hand. Darauf steht „Weihnachtsrabatt 10%".
Na, der richtige Weihnachtsmann ist das bestimmt nicht. Man sieht genau, dass der weiße Bart nicht echt ist. Immerhin muss der Mann in seinem dicken Kostüm nicht frieren!
Nach dem Schuhekaufen schlendert Lars mit Mama noch ein bisschen durch die Stadt.

In seinen neuen, warm gefütterten Schuhen bekommt auch er keine kalten Füße mehr. Mama und Lars schauen die festlich geschmückten Schaufenster an. Am schönsten ist das große Fenster, in dem alle möglichen Stofftiere Weihnachten feiern. Ein großer brauner Bär ist der Weihnachtsmann. Er verteilt Pakete an Hasen und Hunde, Katzen und Biber und und ... . Lars kann sich gar nicht satt sehen.
An der Bushaltestelle stehen zwei Weihnachtsmänner und unterhalten sich.
„Meinst du, der echte Weihnachtsmann läuft auch hier durch die Stadt?", fragt Lars.
„Ich denke nicht", sagt Mama. „Ich habe als Kind in Schottland gehört, dass er in Lappland wohnt. Dort heißt er Father Christmas."
„Ich dachte, er wohnt am Nordpol und kommt mit einem Rentierschlitten", wundert sich Lars und beobachtet, wie die beiden Weihnachtsmänner vor ihnen in den Bus steigen.
„Das ist Santa Claus, der amerikanische Weihnachtsmann", sagt Mama und lächelt. „In jedem Land erzählt man wohl ein bisschen andere Geschichten vom Weihnachtsmann."
„Und vom Christkind, vom Nikolaus und den Adventsengeln", zählt Lars auf. „Von den Weihnachtsengeln und überhaupt."
Mama nickt.
„Ja", sagt sie. „Das ist eben alles ein großes Geheimnis. So ganz sicher weiß niemand, wer denn nun die Geschenke bringt." Sie zwinkert.
Direkt gegenüber der Bushaltestelle, an der sie aussteigen, ist der Supermarkt. Auch hier steht an der Tür ein Weihnachtsmann, allerdings nur einer aus Plastik. Lars seufzt.
„So langsam kann ich diese rot-weißen Anzüge und falschen Bärte nicht mehr sehen", sagt er.
„Dann sollen wir lieber keinen Schokoladen-Weihnachtsmann mit nach Hause nehmen?", fragt Mama.
„Oh doch!", ruft Lars. „Der ist dann ja auch echt. Echt Schokolade!"

Wo wohnt wohl der Weihnachtsmann?

Manche Orte haben Namen, die so klingen, dass man denken könnte, dort wohnt bestimmt der Weihnachtsmann oder das Christkind. In einigen dieser Orte gibt es sogar ein besonderes Postamt für die Wunschzettel der Kinder.
Zum Beispiel in Himmelpfort, Himmelsberg und Himmelstadt, Himmelreich und Himmelsthür, Engelskirchen, Nikolausdorf oder St. Nikolaus. In Österreich gibt es das Postamt Christkindl.
Eigentlich ist es gar nicht wichtig, wo der Weihnachtsmann wohnt und ob es ihn gibt. Denn die wichtigste Person zu Weihnachten ist das neu geborene Jesuskind im Stall zu Bethlehem!

Der schönste Weihnachtsbaum

„Wer kommt mit mir zum Tannenbaum-Kaufen?", fragt Papa.
Finn, Lars und Bibi stehen sofort bereit. Sie wollen gerne mit aussuchen, damit Papa einen wirklich schönen, großen Baum kauft. Zusammen gehen sie zum Verkaufsstand an der Ecke. Die beiden älteren Damen, die die Tannen und Fichten verkaufen, sind sehr nett und zeigen ihre Bäume von allen Seiten.
„Der ist schön!", sagt Finn und zeigt auf eine große Edeltanne.
„Ein bisschen zu groß", meint Papa. „Und diese Fichte hier hat etwas zu dichte Zweige. Dazwischen verschwinden die roten Kugeln."
„Der da drüben?", schlägt Lars vor.
„Nicht schlecht", sagt Papa. „Den nehmen wir."
Während er bei einer der Verkäuferinnen bezahlt, steckt die andere den Baum in eine Röhre, in der er in ein Netz verpackt wird. Dann greift sie in eine Obstkiste und schenkt jedem der Kinder einen roten Apfel.
„Die könnt ihr an den Weihnachtsbaum hängen", sagt sie.
„Das hat man früher so gemacht, bevor es rote Kugeln gab. Die Äpfel erinnern an das Paradies – kennt ihr die Geschichte in der Bibel von Adam und Eva?"
Finn und Lars nicken. Sie wissen, dass Adam und Eva eine dort verbotene Frucht gegessen haben, einen Apfel nämlich, und deshalb das Paradies verlassen mussten.
„Durch Jesus Geburt hat Gott uns gezeigt, dass er uns immer lieb hat, egal was wir tun. Daran erinnert uns dieser Apfel, und deshalb hängen wir ihn an den Weihnachtsbaum", erzählt die Frau und lächelt.
„Wir hängen aber lieber rote Kugeln dran", sagt Bibi und beißt herzhaft in ihren Apfel.

20. Dez.

O Tannenbaum

Bis Familie Bach das alte Haus erbte, hatte sich niemand im Garten des Fasanenwegs 3 jemals Gedanken um sein Aussehen gemacht. Doch Familie Bach hatte zwei Kinder. Und von dem Augenblick an, als Eva und Kai den Garten betraten und „Oh, wie schön!" riefen, wurde alles anders.

Die Bachs zogen ein, als die Pfingstrosen aufblühten.

„Uns bewundern sie am meisten!", sagten die Rosen.

„Nein uns," riefen die Bartnelken.

Im Verlauf des Sommers erblühten immer neue Blumen und freuten sich über die Bewunderung der Kinder. Dann kam der Herbst. Mit seinem dicken Pinsel malte er die Blätter der Bäume bunt an. Er nahm gelb für die kleinen Birkenblätter, warmes Weinrot für den Ahorn und ein helles Braun für die alte Eiche.

„Schau mal Kai – die schönen Farben!", rief Eva und hob ein paar Blätter auf.

„Zu jeder Jahreszeit sind die Bäume anders", staunte Kai. „Toll!"

Geschmeichelt wisperten die Wipfel der Bäume. In diesem Augenblick begriff der kleine Tannenbaum am Gartenzaun, warum er schon seit einiger Zeit so traurig war. Er war immer gleich. Er brachte weder üppige Blüten hervor noch veränderte er seine Farben. Naja, im Frühling bekam er ein paar hellgrüne Zweigspitzen. Aber was war das schon im Vergleich mit der weißen oder rosa Blütenpracht der Obstbäume? Grün eben. Er war im Frühling grün, im Sommer grün, im Herbst grün und sogar im Winter grün. Langweilig eben. Er war einfach nur langweilig. Keiner würde ihn je bewundern.

Die Tage wurden kürzer, das Wetter war kalt. Nur selten kamen Kai und Eva in den Garten. Die letzten Herbstblumen verblühten, die Bäume standen kahl und stumm. Traurig ließ der kleine Tannenbaum am Gartenzaun seine Zweige hängen und blickte auf die nasse und matschige Straße. Wenn es doch wenigstens schneien würde! Dann wäre er endlich nicht mehr so grün.

„Doch, ich bin sicher," hörte er plötzlich Eva sagen. „Im Garten steht einer."

Der Tannenbaum sah sich um. Wer stand im Garten? Er konnte niemanden entdecken. Alles war wie immer.

„Hast du die Sterne?", fragte Kai.

Sterne? wunderte sich der Tannenbaum. Die Kinder schleppten einen alten Pappkarton aus dem Haus.

„Siehst du – da ist er!", rief Eva.

Überrascht sah der Tannenbaum sie an. Sie zeigte direkt auf ihn! Und schon waren die Kinder da. Aus der Kiste holten sie silberne Sterne. Die hängten sie an seine Zweige. Ein paar rote Kugeln folgten und schließlich wickelten sie eine lange Schnur mit kleinen durchsichtigen Glasbirnchen um ihn herum. Der Tannenbaum wusste nicht, wie ihm geschah. In der großen Pfütze nebenan auf der Straße erkannte er sich selbst kaum wieder.

Die Kinder verschwanden auf der Terrasse, das Ende der Schnur in der Hand. Plötzlich leuchteten all die kleinen Birnchen am Tannenbaum hell auf.

„Mama, Papa, schaut mal!", riefen die Kinder. Jetzt kamen auch die Eltern aus dem Haus. Bewundernd standen alle da.

„Was für ein schöner Tannenbaum!", rief Frau Bach.

Auch ein paar Spaziergänger blieben stehen, um den Tannenbaum anzusehen. Eva und Kai lachten. Dann begannen sie zu singen:

„O Tannenbaum, o Tannenbaum, wie grün sind deine Blätter..."

Und der Tannenbaum reckte stolz seine Zweige mit den glitzernden Sternen und leuchtenden Lichtern zum Himmel.

Gutes tun

21. Dez.

"Hallo Frau Hansen, was machen Sie denn hier oben?", fragt Franzi überrascht, als sie aus der Tür tritt.
"Ich besuche Simon", sagt Frau Hansen, die gerade die Treppe heraufkommt. "Ich bringe ihm ein Buch, das ihm sicher gefällt. Mit dem gebrochenen Bein muss er ja viel zuhause sein und liegen oder sitzen."
Franzi nickt. "Lars und ich besuchen ihn auch oft. Sonst ist es langweilig für ihn."
"Das ist nett von euch", sagt Frau Hansen. "Man kann ja oft mit Kleinigkeiten Gutes tun."
Sie klingelt an der Tür von Simon Schwarz Familie. Simons Vater öffnet und lässt Frau Hansen hinein.
Franzi geht hinunter zu Lars.
"Hast du Lust zu spielen oder sollen wir was Gutes tun?", fragt sie.
"Was Gutes tun?", fragt Lars.
"Ja, jemandem helfen oder eine Freude machen."
Lars überlegt.
"Wir könnten Herrn Neumann fragen, ob er was vom Bäcker braucht, und für ihn einkaufen", schlägt er vor. "Herr Neumann kann in dem Schnee so schlecht laufen."
Franzi nickt.
Lars sagt schnell noch Mama Bescheid, und dann klingeln sie an Herrn Neumanns Tür.
Es dauert eine Weile, bis er öffnet.
"Können wir beim Bäcker für Sie einkaufen?", fragt Franzi,
"oder Ihnen sonst bei etwas helfen?"
Herr Neumann schaut sie überrascht an.
"Wir wollen jetzt im Advent etwas Gutes tun", erklärt Franzi.
Herr Neumann lächelt.
"Ja, ein halbes Schwarzbrot könnte ich schon gebrauchen. Und Milch, die hat der Bäcker auch."
Er gibt Lars und Franzi einen 5-Euro-Schein. Damit gehen die beiden das kleine Stück zum Bäcker und kaufen Milch und Brot. Sie bringen den Einkauf zu Herrn Neumann und geben ihm das Wechselgeld.
"Danke", sagt Herr Neumann. "Vielen Dank."
"Und jetzt?", fragt Franzi, als er die Tür wieder geschlossen hat.

„Miau!" In diesem Moment maunzt eine Katze laut vor der Haustür.
Franzi und Lars reißen die Tür auf. Frau Hansens schwarzer Kater Augustus kommt wie ein schwarzer Pfeil ins Treppenhaus geschossen.
„Miau!", macht er noch einmal und setzt sich auf die unterste Treppenstufe.
„Dem war es draußen wohl zu kalt", stellt Franzi fest.

„Ja, der ist froh, dass wir ihn reingelassen haben", sagt Lars. „Das war doch was richtig Gutes."
Franzi streichelt Augustus über den Kopf.
„Gutes tun macht Spaß", sagt sie. „Dir auch?"
Lars nickt.
„Dann überlegen wir uns doch einfach noch ein paar Gutes-Tun-Sachen!", sagt er.

Frieden und Schönes für die Welt

Was würdest du gerne tun,
um den Menschen um dich herum
Freude zu bereiten?
Wie kannst du anderen helfen?
Kannst du so ein kleines bisschen
zum Frieden in der Welt beitragen?

Glockenklang

22. Dez.

„Mama hat aus der Zeitung vorgelesen, dass in unserer Kirche die große Glocke heute Nachmittag wieder in den Turm kommt!", erzählt Franzi. „Hast du Lust, das zu sehen?"

Lars nickt. „Klar", sagt er. „Warum war die denn weg?"

„Die hatte irgendwo einen Riss", erklärt Franzi. „Aber jetzt ist die Glocke wieder heil. Gerade noch rechtzeitig zu Weihnachten."

„Da sind doch noch andere Glocken", sagt Lars. So ganz versteht er Franzis Begeisterung nicht.

„Aber das ist die ganz große – ohne die klingt das Weihnachtsläuten nicht richtig."

Zusammen mit Franzis Mama gehen sie am Nachmittag zur Kirche. Dort steht schon die große Glocke bereit. Viele Menschen sind gekommen um zuzuschauen, wie sie wieder ihren Platz im Turm bekommt.

„Die ist wirklich groß!", sagt Lars. „Aber eigentlich sieht sie genauso aus wie unsere kleine Glocke, die klingelt, wenn wir zur Bescherung ins Weihnachtszimmer gehen dürfen."

„Naja, ist eben eine Glocke", sagt Franzi. „Aber wenn diese hier in unserem Haus läuten würde, wären wir wahrscheinlich taub!"

Inzwischen ist auch der große Kran angekommen, der die Glocke wieder in die Glockenstube auf den Turm hieven soll. Es ist richtig spannend zuzusehen, wie die Männer das vorbereiten und wie die Glocke schließlich langsam nach oben schwebt. Schließlich ist sie im Glockenturm verschwunden.

„Dann lasst uns nach Hause gehen", sagt Franzis Mama und zieht den Schal fester um ihren Hals. „Zu sehen ist jetzt nichts mehr."

Doch Lars und Franzi können sich nur schwer von dem Anblick des Turms trennen. Da oben drin hängt jetzt die große Glocke und wird mit den anderen zusammen am Heiligen Abend alle Menschen einladen, mit zu feiern.

In diesem Moment ertönt ein einzelner, tiefer Glockenton.

„Sie ist wieder da!", ruft eine Frau aus der Menge. Die Menschen nicken und lächeln.

„Jetzt verstehe ich, warum man zu Weihnachten so viele Schokoladen- und Keksglocken hat", sagt Franzi.

Ihre Mama nickt.

„Ja, die Glocken verkünden die Weihnachtsfreude." Fröhlich hüpft Franzi neben Lars her. Dann beginnt sie zu singen:

„Süßer die Glocken nie klingen als zu der Weihnachtszeit. `S ist, als ob Engelein singen wieder von Frieden und Freud ... ."

Wusstest du schon ...

... dass viele Glocken Namen haben? Sie heißen zum Beispiel Jacobus oder Maria oder Peter. Die Petersglocke im Kölner Dom ist die größte frei schwingende Glocke der Welt und hat sogar einen Spitznamen: „Dicker Pitter".

... dass der Stab in der Mitte der Glocke Klöppel heißt? Er wird aus weichem Eisen hergestellt. So klingt die Glocke, die aus Bronze besteht, besonders schön und wird beim Schlagen nicht beschädigt.

... dass die großen Glocken mehrere Tonnen wiegen? Die berühmte Glocke „Big Ben" in London wiegt zum Beispiel 13,5 Tonnen, der „Dicke Pitter" in Köln sogar 24 Tonnen, also so viel wie 24 große männliche Elefanten!

Geheimnisse und Überraschungen

23. Dez.

Lars sitzt am Küchenfenster und schaut hinaus. „Warum ist der Tag heute so lang?", fragt er. Franzi ist bei ihrer Freundin Sina, Finn liegt auf seinem Bett und liest, und Bibi will alleine mit ihrer Babypuppe spielen.
Mama runzelt die Stirn.
„Mir kommt der Tag gar nicht so lang vor. Es ist noch so viel vorzubereiten. Übrigens – ab jetzt darf niemand mehr ins Wohnzimmer!"
Gut, das ist immerhin ein Zeichen, dass das Weihnachtsfest endlich näher rückt.
„Ich muss noch mal schnell weg", sagt Mama und zwinkert Papa zu, der an den Herd geht, um seinen leckeren Nudelauflauf vorzubereiten.
Lars springt auf. „Kann ich mitkommen?", fragt er. Mama schüttelt den Kopf.
„Wohin fährst du denn?", fragt Lars, als er sieht, dass Mama den Autoschlüssel vom Brett nimmt.
„Geheimnis", sagt Mama und geht.
Lars geht in sein Zimmer. Wenn es nur schon Abend wäre! Oder besser noch – Morgen! Morgen ist endlich der Heilige Abend. Hoffentlich gefallen Mama und Papa die Karten, die er für sie gebastelt hat. Was er wohl geschenkt bekommt?
Sein Blick fällt auf die kleine Vase, die auf der Fensterbank steht. Da, ist das nicht … . Lars schaut sich den Barbarazweig genau an. Tatsächlich, die erste Blüte fängt gerade an, ihre weißen Blütenblätter zu öffnen. Lars wird ganz warm bei dem Anblick. So lange haben die Zweige gebraucht, bis sie anfangen zu blühen!
„Papa", ruft Lars und rennt in die Küche, „meine Barbarazweige haben eine Blüte!"
„Super!", sagt Papa und gießt Soße über die Nudeln in der Auflaufform.
„Dauert das mit dem Essen noch lange?", fragt Lars.
„Du kannst heute ja gar nicht warten", sagt Papa und lächelt. „Aber du wirst sehen, das Warten lohnt sich! Nicht nur beim Nudelauflauf!"
Irgendwie ist dieser Tag so spannend, dass Lars gar nicht richtig still sitzen kann. Als er schließlich Mamas Schlüssel im Schloss hört, springt er zur Tür.
„Mama, meine Barbarazweige …", ruft er aufgeregt.
Doch vor der Tür steht nicht Mama, sondern – Granny! Seine Großmutter aus Schottland. Mama steht ein paar Schritte hinter ihr und lacht.
„Überraschung!", ruft Granny laut und umarmt Lars. Nun kommen auch Finn und Bibi angerannt und drücken und küssen ihre Oma.
„Da habt ihr euer erstes Geschenk." Papa lacht und wischt seine Hände an einem Küchentuch sauber, bevor er Granny begrüßt.
Mit Granny zusammen ist es gar nicht mehr schwer zu warten. Nach dem leckeren Essen sitzen alle zusammen und erzählen. Granny berichtet von ihrem Flug, Finn von seiner neuen Schule und Lars von Franzi.
Dann stellt Mama eine Schüssel Orangen auf den Tisch und gießt ein Säckchen Gewürznelken auf einen Teller. Granny nimmt sich sofort eine Orange und fängt an, die Nelken hinein zu stecken. Natürlich, diese Weihnachtsorangen haben noch gefehlt. Die duften so herrlich! Ja, jetzt kann es wirklich Weihnachten werden!

Duftende Weihnachtsorangen

Nimm eine Orange (oder Mandarine) und spicke sie mit ganzen Gewürznelken. Dabei kannst du auch ein Muster gestalten. Die gespickten Orangen kannst du auf einen Teller legen – das duftet herrlich. Oder du bindest ein Band daran und hängst sie auf.

Heiligabend

„Ich fühle mich ganz komisch", sagt Franzi und dreht sich vor dem Spiegel.
„Du siehst auf jeden Fall sehr hübsch aus", sagt Franzis Mama. „Ich bin auch gleich fertig."
„Darf ich runter zu Lars?", fragt Franzi. Ihre Mama nickt. Gleich wollen sie alle zusammen in die Kirche gehen.

Lars wartet schon an der Wohnungstür.
„Ein Kleid?" Lars staunt. Franzi sieht ganz ungewohnt aus.
„Heute ist doch Heiligabend", erklärt Franzi. „Hast du euren Weihnachtsbaum schon gesehen?"
Lars schüttelt den Kopf. Das Wohnzimmer ist zugesperrt und niemand darf hinein.
„Ich ein bisschen", sagt Franzi. „Mama hat die Tür nicht schnell genug zugemacht, da habe ich gesehen, dass ganz viele Strohsterne am Baum hängen."
„Fertig!", ruft Papa.
Endlich sind alle bereit, und auch Franzis Mama kommt die Treppe herunter. Gemeinsam gehen sie zur Kirche. Dort ist es schon ziemlich voll, aber sie finden gerade noch eine Bankreihe, in die alle zusammen passen.
Der Gottesdienst beginnt.
„Gleich kommt das Krippenspiel vom Kinderchor", flüstert Franzi. Das kennt sie schon vom letzten Jahr.
Schön, wie die Kinder die Geschichte von Maria und Josef und dem Jesuskind spielen und singen. Sogar Bibi sitzt ganz still auf Papas Schoß und passt genau auf.
Mit dem Lied „O du fröhliche" geht der feierliche Gottesdienst zuende. Vor der Kirche treffen Lars und Franzi auf Frau Hansen.
„Fröhliche Weihnachten!", rufen sie.
„Ein frohes Fest!", antwortet Frau Hansen. „War das nicht ein schöner Gottesdienst? Da wird einem doch so richtig weihnachtlich. Ich fahre jetzt gleich los zu meiner Schwester – wir feiern zusammen. Aber übermorgen komme ich wieder."
Sie winkt und verschwindet um die Ecke.
„Na, dann wollen wir doch mal nach den Geschenken schauen", sagt Papa und alle machen sich auf den Heimweg.
„Eigentlich ist unser Geschenk ja Jesus", überlegt Franzi. „Hat Frau Zimmermann im Kindergarten gesagt. Gott hat uns seinen Sohn geschenkt, weil er uns lieb hat."
Lars nickt nachdenklich.
„Aber zum Glück schenken sich die Menschen gegenseitig auch etwas", sagt er. „Weil sie sich über Gottes Geschenk freuen."
„Was ihr alles wisst!" Granny staunt.
„Ich wünsche mir einen Fußball", erklärt Franzi. „Hoffentlich liegt ein rundes Paket unterm Tannenbaum, damit ich ihn gleich erkenne."
„Und was war dein wichtigster Wunsch?", fragt Granny Lars.
Lars fasst sie an der Hand. „Dass du mit uns Weihnachten feierst."
Granny lächelt. „Das habe ich mir auch gewünscht!", sagt sie.
„Dann ist es ja kein Wunder, dass dieser Wunsch schon vor der Bescherung in Erfüllung gegangen ist", sagt Papa und schließt die Wohnungstür auf.
Franzi geht mit ihrer Mama nach oben. Gleich kommt Tante Sibylle. Dann wird das Weihnachtszimmer geöffnet, und sie kann endlich den Baum und die Geschenke sehen.
Auch Finn, Lars und Bibi müssen noch ein kleines bisschen warten. Aber dann klingelt die kleine Glocke, und als die Tür zum Wohnzimmer aufgeht, strahlen ihre Augen mit den Christbaumkerzen um die Wette.

24. Dez.

Ihr Kinderlein kommet

1. Ihr Kin-der-lein, kom-met, o kom-met doch all,
zur Krip-pe her kom-met, in Beth-le-hems Stall,
und seht, was in die-ser hoch-hei-li-gen Nacht
der Va-ter im Him-mel für Freu-de uns macht.

2. Da liegt es, ihr Kindlein, auf Heu und auf Stroh. / Maria und Josef betrachten es froh, / die redlichen Hirten knien betend davor, / hoch oben schwebt jubelnd der Engelein Chor.

T: Christoph von Schmidt. M: Johann Abraham Peter Schulz. Geistlich Gütersloh 1832
Evangelisches Gesangbuch Nr. 43

Fröhliche Weihnacht überall

25. Dez.

Lars wacht am ersten Weihnachtstag ziemlich früh auf. Doch Granny steht schon in der Küche. Heute wird sie für die Familie kochen. Es gibt einen gefüllten Truthahn, so wie das bei ihr zuhause in Schottland und auch in England üblich ist.

Und noch etwas ist heute anders als bei anderen Familien in Deutschland. Am Fußende von Lars Bett hängt ein großer, dicker Strumpf. Darin steckt wohl einiges, so ausgebeult, wie der aussieht!

Bibi kommt im Schlafanzug angetapst. Ihren gefüllten Strumpf hält sie im Arm.
„Wo kommt der her?", fragt sie Lars.
„Den hat Grannys schottischer Weihnachtsmann gebracht!", erklärt Lars. „Der kommt nämlich nicht am Heiligabend, sondern erst heute am ersten Weihnachtstag!"
„Gut!", sagt Bibi und setzt sich zu Lars aufs Bett. Sie zieht ihr Geschenk aus dem Strumpf und quietscht vor Freude, als sie einen weichen, weißen Teddybären mit einer karierten Schleife in der Hand hält.
„Schön!", ruft sie immer wieder. „Schön, schön, schön!"
Dann rennt sie los, um allen ihren neuen Teddy zu zeigen.

Wusstest du schon...

... dass die Kinder in Griechenland am Heiligen Abend von Haus zu Haus gehen und Weihnachtslieder singen? Dafür bekommen sie Feigen, Rosinen und süßes Gebäck geschenkt.

... dass es in Mexiko in der Adventszeit viele bunte Umzüge mit Trubel und Feuerwerk gibt? Diese „Pasadas" stellen die Herbergssuche von Maria und Josef dar.

... dass in Italien das wichtigste Symbol zu Weihnachten die Krippe ist? Sie ist der Mittelpunkt in Kirchen und Familien. Jeder will die schönste und größte Krippe haben.

„Echt?" Lars ist überrascht.
„Ich habe einmal Weihnachten in Sydney in Australien gefeiert", erzählt Granny. „Das war zwar für mich am richtigen Tag, also dem 25. Dezember, aber die falsche Jahreszeit. In Australien ist jetzt nämlich Sommer. In Sydney kam der Weihnachtsmann in einer roten Badehose auf dem Surfbrett. Das Weihnachtsessen war ein Picknick am Strand."

„Eigentlich komisch, dass Weihnachten in anderen Ländern so verschieden ist", sagt Lars beim Frühstück.
Finn nickt. „In Spanien bekommen die Kinder zu Weihnachten keine Geschenke", sagt er. „Hat Carlos aus meiner Klasse erzählt."
„Echt, die kriegen gar keine Geschenke?", fragt Lars entsetzt.
„Doch, aber nicht zu Weihnachten", erklärt Finn. „Erst zum Dreikönigstag – weil doch die Weisen aus dem Morgenland dem Jesuskind Geschenke gemacht haben. Und jetzt bringen sie den Kindern die Geschenke. Aber eben erst am 6. Januar."
Papa nickt. „In Russland und einigen anderen Ländern feiert man Weihnachten sogar erst am 7. Januar", sagt er. „Die Menschen dort berechnen das Weihnachtsfest nach einem anderen Kalender."

Die Kinder lachen. Das klingt wirklich lustig.
„Ich finde Weihnachten bei uns am feierlichsten", sagt Lars schließlich. „Aber für Jesus ist das doch sicher schön, wenn an so vielen Tagen und in so vielen Ländern sein Geburtstag gefeiert wird!"

Kommet ihr Hirten

Es klingelt an der Wohnungstür. Lars öffnet. Franzi steht vor der Tür, einen nagelneuen Ball unter dem Arm.
„Hast du Lust auf eine Runde Fußball?", fragt sie.
Lars nickt.
„Sollen wir Finn noch mitnehmen?", fragt er. „Der ist ein guter Torwart."
Franzi ist einverstanden, und Lars geht los, um seinen Bruder zu holen.
„Fußball?", fragt plötzlich eine Stimme. „Hat hier jemand Fußball gesagt?"
Granny kommt aus dem Wohnzimmer. Franzi nickt und zeigt ihr den neuen Ball.
„Darf ich mitkommen?", fragt Granny. „Ich schaue so gerne beim Fußballspielen zu!"
Ein paar Minuten später stehen Finn, Lars, Franzi und Granny auf dem Spielplatz. Dort gibt es ein Fußballtor, so dass man prima Torschießen üben kann.
Finn ist wirklich ein guter Torwart, aber Franzi schießt trotzdem fast alle Bälle ins Tor. Granny klatscht begeistert. Doch dann wird es allen zu kalt, und sie gehen wieder nach Hause.
Franzi reibt ihre Hände.
„War es damals in Bethlehem auch so kalt?", fragt sie. „Dann müssen die Hirten ja ganz schön gefroren haben."
„Ganz so kalt wie hier war es sicher nicht", meint Granny. „Aber den Hirten ging es auch so nicht gut. Sie waren arm und wurden von vielen Leuten nicht gemocht."
„Echt?", fragt Franzi.
Granny nickt.
„Aber die jüdischen Hirten hofften, dass es nicht immer so bleiben würde. Gott hatte versprochen, dass eines Tages alles besser wird."
„Und dann ist Jesus geboren!", sagt Lars zufrieden. „Da haben sich die Hirten sicher gefreut, als der Engel ihnen das erzählt hat!"
„Und das noch als Erste", ergänzt Franzi.
„Finde ich gut!", sagt Finn.
Granny nickt wieder.
„Ja, das zeigt uns, dass Gott besonders den Menschen nahe sein will, die es nötig haben."
„Und den Tieren auch!", sagt Franzi und zeigt auf Augustus, der vor der Haustür sitzt.
„Dann ist Frau Hansen zurück", sagt Finn, als er die Tür aufschließt.
„Klar, hör doch!", sagt Franzi.
Tatsächlich, aus der Wohnung von Frau Hansen tönt laut ihre Stimme:
„Kommet ihr Hirten, ihr Männer und Frau'n, kommet das liebliche Kindlein zu schaun.
Christus, der Herr, ist heute geboren, den Gott zum Heiland euch hat erkoren.
Fürchtet euch nicht!"

26. Dez.

Als Jesus geboren war

In der Nacht, als Jesus geboren wurde, waren Hirten in der Nähe, die ihre Herden hüteten. Da erschien ihnen ein Engel. Zuerst hatten die Hirten Angst. Aber der Engel sagte ihnen: „Fürchtet euch nicht!".
Dann erzählte er, dass Jesus Christus geboren wurde und dass sie ihn in einer Krippe finden würden.
So gingen die Hirten nach Bethlehem und fanden Maria und Josef und das Jesuskind im Stall.
Dann verbreiteten sie die gute Nachricht von Jesus Geburt überall.

Jahresende

31. Dez.

„Hoffentlich schlafe ich nicht vorher ein", sagt Lars am Abend.
„Vorher? Vor was?", fragt Finn.
„Vor dem Feuerwerk!", antwortet Lars. Für ihn ist ganz klar, dass man zu Silvester an das große Feuerwerk um Mitternacht denkt.
„Ich kann dich ja wecken", schlägt Finn vor. „Das neue Jahr sollte man schon richtig feiern."
Papa steckt den Kopf zur Tür herein. „Habt ihr Lust zum Fotos-Anschauen? Mamas Computer ist bereit."
Schnell schart sich die ganze Familie vor Mamas Schreibtisch. Granny darf in der Mitte sitzen, damit sie alles gut sehen kann.
„Das ist noch in unserer alten Wohnung", erklärt Finn das erste Foto. „Das war an meinem Geburtstag."
„Und das war im Tierpark!", ruft Lars. „Das war ein toller Tag!"

„Bibi ist ein Gänseblümchen!", sagt Bibi und zeigt mit ihrem Finger auf das Karnevalsfoto. „Schön, schön, schön!"
Sie sehen Fotos aus den Sommerferien und von einem Herbstspaziergang im Wald mit vielen bunt gefärbten Blättern.
„Jetzt kommen die Umzugskisten!", sagt Lars. Tatsächlich. Auf einem Bild sieht man Kisten.

Die meisten sind geschlossen, aber aus zweien schauen Köpfe heraus: Lars und Bibi.
„Das war lustig!", sagt Lars.
„Warst du nicht traurig, als ihr umgezogen seid?", fragt Granny.
„Nur ein bisschen", sagt Lars. „Aber die Wohnung hier ist viel schöner. Und im alten Haus wohnten keine Kinder. Der neue Kindergarten gefällt mir auch besser."
„Toll, was ihr in diesem Jahr alles erlebt habt!", sagt Granny.
„Dabei ist auf den Fotos noch gar nicht alles drauf!", sagt Finn. „Eigentlich müssen wir noch ein paar Leute fotografieren, die wir neu kennen gelernt haben!"
„Franzi!", sagt Lars sofort. „Und Simon."
„Und Augustus!", ruft Bibi.
„Frau Hansen und Herr Neumann und Tamara", zählt Finn auf.
„Und dann brauchen wir noch ein Foto von uns allen mit Granny."
„Schon verstanden", sagt Papa und geht die Kamera holen.
„Ich mache mir ein Poster vom alten Jahr", sagt Finn. „Darauf klebe ich Fotos, die Feder aus dem Tierpark, die Eintrittskarte vom Kino und ... und einfach alles Mögliche. Dann kann ich mich immer daran erinnern."
„Kann ich mitmachen?", fragt Lars.
„Klar!"
„Was für eine gute Idee!", sagt Granny.
„Ich hole auch Schönes!", ruft Bibi und rennt hinaus.
Einen Moment später ist sie wieder da. Sie hält eine rosa Haarspange in der Hand.
„Und woran erinnert die dich?", fragt Finn.
„Die andere habe ich im Schwimmbad verloren!", erklärt Bibi. „Deshalb denke ich bei der Spange immer an den Sommer."
Lars und Finn lachen.
Jetzt ist Papa mit der Kamera zurück. Alle stellen sich bereit. Dann stellt Papa die Kamera auf das Regal, drückt den Selbstauslöser und stellt sich schnell zu seiner Familie.
„Morgen machen wir genau so ein Foto noch mal", sagt Lars. „Dann fängt das neue Jahr so schön an wie das alte aufgehört hat!"

Das alte und das neue Jahr

Das alte Jahr hat schon gepackt,
sagt Lebewohl und winkt.
Ich warte jetzt gespannt darauf,
was mir das neue bringt.

Noch einmal schaue ich zurück
das alte war nicht schlecht,
wird's neue Jahr genauso schön,
dann wär mir das ganz recht.

Willkommen, neues Jahr

1. Jan.

Als Lars am Neujahrsmorgen aufwacht, ist er enttäuscht. Nun hat er das Feuerwerk doch verschlafen.
„Warum hast du mich nicht geweckt?", fragt er Finn.
Der zuckt mit den Schultern.
„Ich bin selbst eingeschlafen", sagt er.
„Na toll!"
Es klingelt an der Wohnungstür. Lars und Finn hören Franzis und Mamas Stimmen. Dann schaut Mama ins Zimmer.
„Franzi macht mit ihrer Mama nachher einen Neujahrs-Spaziergang. Habt ihr auch Lust dazu?"
„Klar", sagt Lars. „Ich war ja dieses Jahr noch gar nicht draußen."

Eine Stunde später treffen sich Franzi und ihre Mama mit Lars Familie im Treppenhaus und wünschen sich alle gegenseitig ein gutes neues Jahr.
„Wir gehen den Wunschweg", erklärt Franzi, „wie immer zu Neujahr."
Es ist nicht weit, bis der Wunschweg beginnt. Ein schmaler Fußweg führt am Friedhof vorbei. Dann an einer Wiese entlang bis zum Waldrand. Lars bleibt stehen.
„Wieso heißt der Weg Wunschweg?", will er wissen.
„Weil Mama und ich uns hier immer überlegen, was wir uns für das neue Jahr wünschen", antwortet Franzi. „Hier ist es so schön still. Da kann man unterwegs sogar ein bisschen beten."
Lars bleibt stehen und lauscht. Tatsächlich, es ist ganz still hier. Bis auf einen Mann mit seinem Hund vorhin ist ihnen auch unterwegs niemand begegnet.
„Na, ihr beiden", sagt Papa. „Seid ihr schon müde?"

Das wünsch ich sehr

KANON

Das wünsch ich sehr, dass im-mer ei-ner bei mir wär,
der lacht und spricht: "Fürch - te dich nicht!"

T: Kurt Rose. M: Detlev Jöcker. © Menschenkinder-Verlag Münster

---

Lars und Franzi schütteln die Köpfe.
„Wir überlegen, was wir uns für das neue Jahr wünschen."
„Ich wünsche uns allen Gesundheit", sagt Granny sofort. „Und dass ihr mich im Sommer in Schottland besuchen kommt."
„Und ich wünsche mir, dass ich das nächste Mal das Silvester-Feuerwerk sehen kann", sagt Lars und seufzt. Papa lacht.
„Den Wunsch können wir sofort erfüllen!", sagt er und nimmt seinen Rucksack ab. Er öffnet ihn und holt eine Flasche heraus.
„Die ist ja leer!", wundert sich Bibi.
Papa stellt die Flasche auf den Boden. Dann holt er aus dem Rucksack – eine Feuerwerksrakete!

„Ich habe fünf davon", sagt er und zwinkert. „Eine für jedes Kind und eine für alle Erwachsenen!"
Er steckt den Holzstab der Rakete in die Flasche. Dann zündet er sie.
Zisch! Rote Lichter zersprühen am Himmel. Gut, dass der Himmel heute so grau ist, da sieht man sie gut.
Zisch! Grüne Lichter folgen, dann – zisch – blaue.
„Schön!", ruft Bibi und hüpft aufgeregt herum.
Noch zweimal zischen Raketen in den Himmel, dann ist das Feuerwerk zuende.
Langsam machen sich alle auf den Heimweg.
„Ich glaube, das wird ein gutes neues Jahr", sagt Franzi. „So schön, wie es angefangen hat!"

Die heiligen drei Könige

6. Jan.

Franzi schaut aus dem Fenster. „Die Könige kommen", ruft sie. Auf die hat sie schon gewartet.
„Welche Könige?", fragt Lars.
„Die drei Könige."
„Du meinst die Sternsinger?", fragt Lars.
Franzi nickt.
Lars schaut neben ihr aus dem Fenster. Natürlich kennt er die Geschichte:

Weit weg im Osten entdeckten weise Männer einen neuen, besonders hellen Stern.
„Wo der Stern ist, wurde ein König geboren", sagten sie. Sie packten kostbare Geschenke auf ihre Kamele und ritten in Richtung des Sterns, der sie nach Bethlehem führte. Genau über der Stelle, wo Jesus in der Krippe lag, blieb der Stern am Himmel stehen. So fanden die Sterndeuter den Weg zum Jesuskind.

„Mama hat erzählt, dass das keine Könige waren, sondern weise Männer und Sterndeuter", sagt Lars.
„Ist doch egal", sagt Franzi. „Sie sind dem Stern gefolgt und haben Jesus wertvolle Geschenke gebracht – Gold, Weihrauch und Myrrhe. Und ob sie nun wirklich Kaspar, Melchior und Balthasar hießen, ist nicht wirklich wichtig, oder?"
Da hat Franzi Recht.
Es klingelt. Vor der Wohnungstür stehen vier Kinder. Drei sind verkleidet als Könige aus dem Morgenland, ein Mädchen trägt den Stern. Sie beginnen ein Lied zu singen, das von Gottes Licht in der Finsternis erzählt.
Franzis Mama kommt auch dazu und hört den Sternsingern zu.
„Für wen sammelt ihr in diesem Jahr?", fragt sie dann und steckt Geld in die Sammelbüchse.
„Für arme Kinder in Südamerika", sagt der schwarz geschminkte Sternsinger. „Damit sie jeden Tag ein warmes Essen haben und in die Schule gehen können."
Der größte der Jungen schreibt mit einem Stück Kreide den Segen an die Tür.

Dann ziehen die Sternsinger weiter.
„Wie gut, dass wir immer genug zu essen haben", sagt Franzi.
„In die Schule dürfen wir auch bald gehen!", sagt Lars. „Ich freu mich schon drauf!"
„Habt ihr Lust, den Weihnachtsbaum abzuschmücken?", fragt Franzis Mama.
Lars und Franzi nicken. Sie gehen ins Wohnzimmer und nehmen vorsichtig die Strohsterne und den anderen Baumschmuck vom Tannenbaum. Franzis Mama packt alles sorgfältig ein.
„Nun ist die Advents- und Weihnachtszeit vorbei", sagt Franzi. „Schade."
„Dafür kommt bald der Frühling und dann der Sommer ...", sagt Lars.
Franzi unterbricht ihn: „Und der Herbst und der Winter. Und dann ist wieder Advent mit Adventskranz und Adventskalender und allem Drum und Dran!"
„Genau!", sagt Lars. „Und zwar noch in diesem Jahr – das ist also gar nicht mehr so lange hin!" Franzis Mama lacht.
„Nun genießt erst einmal die anderen Jahreszeiten", sagt sie und schließt den Weihnachtskarton. „Es gibt auch sonst viel Schönes zu erleben."
Lars und Franzi schauen sich an, lächeln und nicken.

Stern über Bethlehem

1. Stern ü-ber Beth-le-hem, zeig uns den Weg,
führ uns zur Krip-pe hin, zeig, wo sie steht,
leuch - te du uns vor - an, bis wir dort sind,
Stern ü - ber Beth-le-hem, führ uns zum Kind!

2. Stern über Bethlehem, nun bleibst du stehn / und lässt uns alle das Wunder hier sehn, / das da geschehen, was niemand gedacht, / Stern über Bethlehem, in dieser Nacht.

3. Stern über Bethlehem, wir sind am Ziel, / denn dieser arme Stall birgt doch so viel! / Du hast uns hergeführt, wir danken dir, / Stern über Bethlehem, wir bleiben hier!

4. Stern über Bethlehem, kehrn wir zurück, / steht noch dein heller Schein in unserm Blick, / und was uns froh gemacht, teilen wir aus, / Stern über Bethlehem, schein auch zu Haus!

T u. M: Alfred Hans Zoller. © Gustav Bosse Verlag, Kassel

Christliche Symbole und Bräuche in der Advents- und Weihnachtszeit

Adventskranz – Der Theologe und Erzieher Johann Hinrich Wichern erzählte Kindern, die er bei sich aufgenommen hatte, von Weihnachten. Damit die Wartezeit nicht so lang wurde, hängte Wichern ein Wagenrad auf und steckte darauf vier dicke Kerzen für die Adventssonntage und dünnere für die Tage dazwischen. Jeden Tag wurde nun eine Kerze mehr angezündet – Ausdruck für die steigende Erwartung der Geburt Jesu Christi und der Hoffnung, die sich darin findet. Der Kranz stand schon im Altertum für Sieg und Freude. Zugleich deutet er, da er nie endet, Hoffnung an. Die Tannenzweige weisen auf Lebenskraft und Zuversicht hin.

Adventskalender – Damit die Wartezeit sich kürzer anfühlt, gibt es seit etwa 100 Jahren die Tradition, sich an jedem Tag mit einer kleinen Tätigkeit dem Weihnachtsereignis anzunähern. Ursprünglich wurde täglich ein Bild an die Wand gehängt, heute wird ein Türchen oder ein Päckchen geöffnet oder eine Geschichte gelesen. Gleichzeitig gilt: das Kleine – Türchen öffnen – weist schon auf das Große – das Weihnachtsereignis mit Geschenken – hin: Das „Gott kommt" der Adventszeit verweist auf das „Gott ist da" der Weihnachtszeit.

Äpfel und rote Kugeln – Der Apfel, eigentlich nur: die Frucht, gilt seit der Geschichte von Adam und Eva (1. Mose 2-3) als Symbol für die Vertreibung aus dem Paradies. Mit der Geburt Jesu Christi hat Gott den Menschen Rettung und Erlösung geschenkt. Als Bild dafür, dass uns in Jesus das Paradies wieder offen ist, hängen wir rote Kugeln und Äpfel in den Christbaum. Früher gab es zu Weihnachten vor den Kirchentüren Spielszenen zur Vertreibung aus dem Paradies mit Paradiesbäumen. Am 6. Januar durften die Früchte von den Paradies- bzw. Christbäumen abgeerntet und die Äpfel gegessen werden.

Barbarazweige – Am 4. Dezember wird an die Heiligen Barbara gedacht. Sie bekannte sich standhaft und mutig zu ihrem Glauben. Holt man an diesem Tag Zweige vom Kirsch- oder Apfelbaum oder Forsythien ins Zimmer und stellt sie in die Vase, dann blühen sie zu Weihnachten. Die blühenden Zweige stehen für Stärke und Hoffnung, die im Glauben stecken können.

Christbaum oder Tannenbaum – Seit dem 16. Jahrhundert ist die Tradition bekannt, zu Weihnachten mit einem Baum oder Tannenzweigen das Haus zu schmücken. Vor allem vornehme und reiche Familien holten sich einen immergrünen Baum in die Stube und schmückten ihn mit Äpfeln und Süßigkeiten, später auch mit Kerzen. Das immerwährende Grün und das Licht weisen auf Christus als Hoffnung für unser Leben.

Christkind – Jesus wird auch „Christkind" genannt, weil Jesus nicht irgendein Mensch ist, sondern tatsächlich Gott. Der Reformator Martin Luther lehnte die Verehrung von Heiligen und damit auch des Nikolaus ab. Stattdessen verlegte er das Gabenbringen auf den Weihnachtstag und ließ das Christkind die Geschenke bringen. Ein Kind hat einmal auf die Frage, wer denn das Christkind genau sei, wenn das Jesuskind doch in der Krippe liege, gesagt: „Das Christkind, das ist doch die Seele von Jesus".

Drei heilige Könige – Nicht in der bekannten Weihnachtsgeschichte Lukas 2 findet sich etwas über sie, sondern bei Matthäus 2, 1-12. Eigentlich waren es weise, sternkundige Menschen aus dem Orient, die das Jesuskind aufsuchen wollten. Vermutlich waren es mehr als drei Personen. Wegen ihrer damals kostbaren Geschenke – Gold, Weihrauch und Myrre (beides Harze von Sträuchern, die bei Opfergaben verbrannt wurden) – wurden sie in späterer Zeit für drei (wegen der Anzahl der Geschenke) Könige gehalten und mit den orientalischen Namen „Kaspar", „Melchior" und „Balthasar" versehen. Am 6. Januar, dem „Dreikönigstag" ziehen nach katholischem Brauch Kinder als „Drei Könige" oder „Sternsinger" von Haus zu Hause, sammeln für bedürftige Menschen und geben Segen in die Häuser weiter.

Engel – Engel gehören in die Advents- und Weihnachtszeit, weil in der Weihnachtsgeschichte im Lukas-Evangelium, Kapitel 2, die gute Nachricht von der Geburt Jesu von Engeln gebracht wird: zuerst an Maria, dann an die Hirten auf dem Feld. Große Freude und keine Angst mehr, darum geht es bei Gott, sagen die Engel. Engel kommt vom lateinischen „angelos" und bedeutet „Bote Gottes". Er ist zugleich nahe an Gott und nahe an uns Menschen. Auch ohne Flügel und goldene Locken kann jeder Mensch zum Engel werden und den Frieden, den Gott verspricht, etwas mehr zu den Menschen tragen.

Glocke – Zu Weihnachten läuten die Glocken, um die Weihnachtsfreude zu verkünden und zum Mitfeiern einzuladen, sogar in der Nacht. Deshalb sind auch die Glocken zu einem Symbol für die Weihnachtsfreude geworden.

Herz – wie im weltlichen steht auch im christlichen Bereich das Herz – im Körper als Sitz des Lebens gedacht – für die Liebe, und zwar sowohl für die Liebe unter den Menschen als auch für die Liebe Gottes zu uns.

Hirten – Hirten galten zur Zeit Jesu als arme Leute, sie hatten keinen guten Ruf in der Gesellschaft. Die Hirten in der Nähe von Bethlehem hofften als Juden, dass das nicht immer so bleiben würde: Gott hatte versprochen, dass eines Tages alles besser wird. Gott wird jemanden schicken, der alles gut macht, den Messias. Dass die Engel die Botschaft von der Geburt Jesu als erstes zu den Hirten bringen, macht deutlich: Gott will gerade den Menschen nahe sein, die es nötig haben.

Kerze – Licht und Wärme, Geborgenheit und Hoffnung verbinden Menschen mit dem Symbol der Kerze. In der dunkelsten Zeit im Jahr steht die Kerze dafür, dass es nicht dunkel bleibt, sondern Hoffnung und Neuanfang zu uns kommen.

Krippe – Ursprünglich bezeichnet „Krippe" nur den Futtertrog, in den Jesus nach seiner Geburt gelegt wurde (Lukas 2,7). Inzwischen ist damit die Zusammenstellung der Krippenfiguren gemeint, also die Darstellung des Weihnachtsgeschehens mit Maria und Josef, dem Kind in der Krippe, Hirten, Engeln, Ochs und Esel, den Weisen und anderen. Franz von Assisi soll im 13. Jahrhundert so zum ersten Mal die Weihnachtsgeschichte wiedergegeben haben.

Register

Maria und Josef – In vielen Familien und Kindertagesstätten ist es Brauch, Maria und Josef schon in der Adventszeit einen Weg gehen zu lassen. Irgendwo im Haus – auf der Fensterbank, im Kinderzimmer – beginnt am ersten Advent ihre Reise nach Bethlehem. Jeden Tag kommen sie dem Ort – dem späteren Platz der Krippe unterm Weihnachtsbaum – ein Stückchen näher. Jeden Tag wird ein Licht mehr entzündet oder ein Stern dazugelegt.

Nikolaus – Den Nikolaus gab es wirklich, der 6. Dezember ist sein Todestag. Er lebte um 340 nach Christus als Bischof im türkischen Myra. Er galt als großzügig und barmherzig, verschenkte alles, was er hatte und erbetteln konnte, an Arme und Kinder. Legenden erzählen davon, wie er Menschen vor dem Hunger bewahrte. Eine andere Legende berichtet, dass er eine Familie davor schützte, aus Armut ihre Töchter auf die Straße zu schicken, indem er Gold durch den Kamin warf. Dieses fiel in die zum Trocknen aufgehängten Socken. Daher stammt der Brauch, am Vorabend vor dem 6. Dezember, dem Todestag von Bischof Nikolaus, Socken oder Stiefel aufzustellen und gefüllt zu bekommen.

Nüsse und Mandeln – stehen als Zeichen für das Wort Gottes: in einer zunächst wertlosen Schale findet sich ein wohltuender Kern.

Stern – Nach der biblischen Geschichte in Matthäus 2, 1-12 folgen die Sterndeuter einem Stern, um das Jesuskind als neugeborenen König zu finden. Lange hielt man diesen Stern für einen Kometen, deshalb wird der Weihnachtsstern oft mit einem Schweif dargestellt. Inzwischen haben Astronomen herausgefunden, dass damals tatsächlich um die Zeit der Geburt Jesu eine Verbindung von Jupiter und Saturn am Himmel zu sehen war, was als neue Himmelserscheinung verstanden werden konnte.

Strohstern – Der Strohstern weist darauf hin: Wie aus einfachem Stroh etwas Schönes gebastelt wird, so kommt Jesus zunächst unscheinbar und arm in einem Stall mit Stroh auf die Welt - und wird zu etwas Großem: der Retter und Erlöser der Welt.

Weihnachtsgebäck – Erste Anregungen für die süßen Backwaren kamen aus Klöstern:

Auf Spekulatius sind Bilder aus den Geschichten um Bischof Nikolaus wiedergegeben, der damals auch „Spekulatius" = „Aufseher" genannt wurde.

Lebkuchen und Pfefferkuchen – Pfeffer war im Mittelalter ein sehr wertvolles Gewürz aus dem Orient, oft wurden alle morgenländischen Gewürze als „Pfeffer" bezeichnet. In Pfeffer- und Lebkuchen („Leb" = jiddisch für „Herz") gehören nach altem Brauch sieben oder aber neun Sorten von Gewürzen: die Zahl sieben soll schmecken lassen, dass jeder der sieben Tage der Woche mit Segen Gottes gefüllt ist, neun (= drei x drei) steht für das umfassende Lob des dreieinigen Gottes: Vater, Sohn und Heiliger Geist.

Dominosteine – erinnern an die Steinigung des heiligen Stephanus, am 26. Dezember ist sein Gedenktag. Er wurde als erster christlicher Märtyrer gesteinigt, weil er sich auch gegenüber gewaltvollem Druck zu seinem Glauben bekannte.

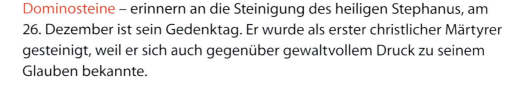
Marzipan – In einer Hungersnot beteten die Menschen in Venedig zu ihrem Schutzpatron, dem Heiligen Markus. Als sie überraschend Mehl bekamen, nannten sie die ersten kleinen Brote „marci pani" = Brot des Markus. Zum Gedenken an dieses Rettungswunder wurden später die Brote aus geriebenen Mandeln, Zucker und Rosenwasser hergestellt. Eine andere Tradition erklärt die Herkunft des Marzipans so: Marzipan stammt aus Byzanz. Die vor etwa 1000 Jahren sehr teuren Zutaten konnten sich nur reiche Menschen leisten. Deshalb erhielt diese Leckerei den Namen einer byzantinischen Münze: „mautaban" für arabisch „Stillsitzen" = der Spottname für den auf den Münzen abgebildeten Christus, der scheinbar untätig auf dem Thron sitzt, statt gegen Feinde zu kämpfen.

Christstollen – steht als Bild für das Jesuskind, das in Windeln gewickelt ist.

Weihnachtsgeschenke – Geschenke gehören zum Weihnachtsfest dazu, weil Gott uns selbst zum Geschenk geworden ist: „Also hat Gott die Welt geliebt, dass er seinen eingeborenen Sohn gab" heißt es im Johannes-Evangelium im 3. Kapitel. Die Menschen sind also vor allem Beschenkte zu Weihnachten und nicht nur Schenkende. Als Zeichen dafür, dass wir uns über die Liebe Gottes zu uns freuen, machen wir Menschen, die uns wichtig sind, Geschenke.

Weihnachtsmann – Der Weihnachtsmann ist eine Abwandlung des Nikolaus, der nicht mehr am 6. Dezember, dem Gedenktag des Heiligen Nikolaus, sondern am Weihnachtstag, dem Geburtstag Jesu, Geschenke bringt. Der englische und amerikanische Name des Weihnachtsmannes - „Santa Claus" - erinnert noch daran. Der Rentierschlitten und sein vermuteter Wohnsitz am Nordpol haben allerdings nichts mehr mit dem Bischof Nikolaus aus der Türkei zu tun. Das Aussehen als dicker älterer Mann mit roten Mantel und vollem Rauschebart verdankt der Weihnachtsmann wohl der Coca-Cola-Werbung aus den 1930er Jahren in Amerika.

Maike Lauther-Pohl

Impressum

Herausgegeben vom
Amt für Öffentlichkeitsdienst der Nordelbischen Evangelisch-Lutherischen Kirche

in Zusammenarbeit mit dem
Verband Evangelischer Kindertageseinrichtungen in Schleswig-Holstein e.V. (VEK)

Texte:
Gitta Edelmann

Grafische Gestaltung und Illustrationen:
Angela Fischer-Bick

Konzept und Redaktion:
Anne Christiansen (verantwortlich)
Maike Lauther-Pohl
Nina Lohr

1. Auflage 2011

ISBN 978-3-8048-4506-0

© Friedrich Wittig Verlag, Kiel

Alle Rechte vorbehalten

Printed in Germany
Gedruckt auf FSC-zertifiziertem Papier